오래 울었으니까

힘들 거야

내가 알기에 가장 용기있는 사람, 엄마와 동생에게

그리고 마음이 어린 세상의 모든 이에게

이 책을 드립니다.

주의산만증^{ADHD} 정명이와
세상의 모든 어린 이를 위하여

이은주 에세이

오래
울었으니까
힘들 거야

H²⁹에르츠나인

프롤로그。

잃어버린
엄마를 찾아서

만화영화 〈은하철도 999〉의 모티브가 되었다는 미야자와 겐지의 『은하철도의 밤』은 내 졸업논문 주제였다. 주인공 조반니의 고독에 대하여 어떻게 400자 원고지 50장을 채울 수 있었는지 지금 생각해도 불가사의다.

소복이 눈 내리던 겨울밤 24시간 영업을 하는 패밀리레스토랑에서 원고지 50장을 채우기 급급했던 나는 졸업 이후 미야자와 겐지의 세계에서 멀리 떨어져 나와 생활이라는 세계로 항해를 계속했다. 죽음이라든지, 고독이라든지, 이상 세계는 모두 원고지에 묻고 오직 생활에 따른 노동으로만 하루를 채우고 있었다. 한때는 노동에 견줄만한 것은 아무것도 없다고 믿기조차 했다.

매일 어린이들과 만나는 생활을 한 적이 있다. 그들에게서 해님달님의 이야기를 전해 들으며 나는 잊었던 동화를, 조반니의 고독을, 그리고 먼 세계를 향한 동경을, 아픔을, 가난을 기억하게 되었다.

방과 후 교실에서 있었던 이야기다. 5학년 교실에서 스물네 명의 아이들에게 긴단한 사시소개와 일본어의 구성을 복습하게 한 후 히라가나 읽기를 지도하고 있을 때였다.

갑자기 시간이 정지한 것처럼 카메라로 한 아이만을 클로즈

업한 듯한 착각이 들었다. 소년은 5주 내내 소극적이었으며 부끄러움을 몹시 탔다. 질문을 해도 목소리만 겨우 들릴 듯 말 듯 답했다. 그런 소년이 히라가나 읽기 시간에 보여준 표정을 나는 어떻게 설명해야 할까.

소년은 만면에 미소를 가득 지으며 히라가나를 읽었다. 세상에서 가장 자유롭고 행복한 미소로 '아이우에오, 가기구게고'를 소리 내며 읽고 있었다. 소년의 몸 전체에서 나오는 행복한 기운을 느끼며 40분의 수업을 마쳤다.

수업이 끝나고 다음 주 수업계획서를 쓰기 위해 찾은 방과 후 수업 사무실에서 선생님께 소년의 이름을 물었다.

"아, 지훈이요. 지훈이 엄마가 일본에 계셔서 그런가 보네요. 안마사로 일본에 가신 지 3년 되셨대요. 평소에 엄마 이야기를 자주 하거든요."

아이들에게는 저마다 드라마가 있다. 3년 동안 엄마를 만나지 못했던 소년은 엄마가 사는 나라의 언어를 배우는 동안 잠시 엄마와 만나고 온 것이리라. 소년은 히라가나의 아이우에오를 따라 읽는 내내 얼마나 행복한 얼굴이었는지 모른다. 주변의 공기가 맑아지는 듯한 느낌, 소년의 환한 미소가 곁에 있는 친구들 한 명 한 명에게로 번지는 듯한 체험을 했다.

『은하철도의 밤』 조반니는 일하러 떠난 아빠 대신 엄마를 보살피는데, 마침내 아빠를 만나러 먼 여행을 떠난다. 그 여행이 죽음에 대한 은유로 읽히든 그렇지 않든 약하고 어린 소년에게는 여러 가지 제약이 따르기 마련이다.

지훈이도 엄마를 만나러 떠나고 싶을 것이다. 달려가서 엄마의 품에 안기고 싶을 것이다. 마음껏 어리광도 부리고 갖고 싶은 장난감을 사달라고 조르고 싶을 것이다.
3년 동안 만나지 못했던 소년에게 엄마를 찾아주어야지. 그리고 나의 엄마에게도 건강을 찾아드려야지.
오직 마음속으로만 주문을 외우는 내가 있다.

차례。

프롤로그 잃어버린 엄마를 찾아서   004

1장   엄마라고 불리는 고모

첫차는 5시 50분에 온다	015
저는 꿈을 모두 이루었어요	018
하이든의 유머	021
사랑의 학교	026
근데 용은 예뻤어요	034
좋은 병원에 가고 싶어!	040
너에게 혹은 나에게	046
일터에서 ① 내 이름은 미미	049
일터에서 ② 네 이름은 어랍쇼	055
일터에서 ③ 상무님의 독백	065
작은 중식당	070
보석 같은 말들	074
친구 생긴 기쁨, 자랑하고 싶은 마음	077
주의산만증 증후군	083
영혼의 시를 그린 화가, 뭉크	086
한밤의 댓글 ① 지나치게 사랑하지 말기	093
한밤의 댓글 ② 너도 2만 원을 보태렴	096
한밤의 댓글 ③ 대만에서 남겨온 달러	110
가슴은 종이, 감정은 연필	160

2장 세상의 모든 '어린 이'를 위하여

엄마에게 차렷, 경례	111
눈도 코도 머리도 바꾸고 싶어	120
아쉽지만 확실한 대답, 넵!	123
어린 나와의 작별, 이중섭 전시회	127
세상의 모든 어린이	135
차가 식을까 봐요	144
실패할 기회까지 살피면	150
헵번을 좋아하는 이유	153
새로운 가족의 탄생	154
영유아 발달장애 조기 개입이 중요하다	159
다 안다고 생각해도 모를 수 있지	161
두 번 다음엔 서로가 행복하지	163
때로는 불편한 가족	165
동생의 버스여행	167
그렇게 아버지가 되다	175
유학시절 꼬마친구들 앞게 니니	170
소각 이별	174

3장 조카손자아들 정명이의 ADHD

아이스녹차라떼	179
엄마가 아니잖아	184
구보타 씨와의 하루 ① 하루	187
구보타 씨와의 하루 ② 재회	196
구보타 씨와의 하루 ③ 편지	202
코~ 자야 아침이 오지	204
자장가는 왜 슬픈가?	212
경도지적장애	214
큰조카의 엄마 연습	216
언어치료와 설소대 성형	218
유시시 동영상 촬영하는 날	220
놀이치료가 시작되었다	223
언어치료수업과 감각통합수업	225
오류를 고치는 속도가 빨라졌다	230
경도지적장애의 한계를 뛰어넘는 날	232
정명이네는 뽀삐와 은주가 함께 산다	233
네 뒤에 다 있단다	235
오래 울었으니까 힘들 거야	237
네가 찾는 깃이 무엇이든	239

ADHD 약 복용 후 피드백	242
조기치료를 위한 ADHD의 이해	244
양육자를 치유하는 미술치료사	249
ADHD를 극복한 막내조카	252
돌보며 배우는 것들	256
교육잡지, 민들레	263
만리동 여포 할아버지	265

에필로그 잃어버린 '어린 이'를 찾아서   269

알립니다

___

나는 남동생의 남매 소리와 민이의 고모이자 엄마였으며, 큰조카 소리의 아이 정명이의 할머니이자 엄마입니다. 이 책은 이제는 성인이 된 소리와 민이, 그리고 초등학생 정명이를 기르며 기록한 15년 동안의 가족 일기이며 투병기, 극복기입니다.

가능한 한 시간 순서에 따라 글을 배치했지만 원활한 흐름을 위해 글의 순서가 다소 뒤섞여 있음을 밝힙니다.

소리와 민이는 가명으로, 정명이는 본명으로 썼습니다. 주의산만증(ADHD)인 정명이가 당당하길 바라기 때문입니다. 장애 비장애를 구분하지 않는 사회를 만드는 그날을 위해 이 글을 세상에 보냅니다.

"아이들에게는 저마다 드라마가 있습니다."

ADHD(Attention Deficit Hyperactive Disorder, 주의력결핍 과잉행동장애)

1장。

엄마라고 불리는 고모

세상 누구도 자신을 도와줄 수 없다는 기분이 들 때는 어떻게 해야 하나. 이 질문엔 나도 답을 찾고 있는 중이다. 그중 하나가 올댓클래식 강의를 듣는 것일 수도 있고, 나무를 주워와 여러 번 물감을 덧칠해서 하나의 쟁반을 만드는 일일 수도 있고, 이렇게 긴 이야기를 자신에게 들려주는 일일 수도 있다.

첫차는 5시 50분에 온다

    기침을 콜록이며 밤새워 번역용 참고자료를 읽던 나는 곤히 잠든 조카들을 등 뒤로 하고 작업실로 가기 위해 아파트 열쇠를 찾는다.

    '매주 토요일은 별식을 먹는 날. 카레, 잡채, 함박스테이크, 삼겹살, 핫케이크…. 어제는 삼겹살을 먹었다. 이젠 아이들이 커서 삼겹살 두 근도 부족하다. 다음엔 세 근을 사야겠다.'

    새벽 4시 50분. 버스를 기다리며 핸드폰으로 음악을 듣는다. 새벽 공기는 맑고 차다.

    내일까지 한 달 동안 번역한 원고를 출판사에 보내야 한다. 오늘 교정봐야 할 분량은 A4 40장 분량이다. 출판사에서 근무했을 때 내 하루 업무량이다. 업무일지를 썼으니까 대충 그 정도로 기억한다.

국문과 학생이 인터뷰를 청한 적이 있었다. 그때 그 학생 질문의 절반이 번역료에 관한 것이었다.

『친구가 모두 나보다 잘나 보이는 날엔』을 읽고 감동받아 인터뷰를 요청한 건 줄 알고 나갔던 나는 그녀와의 대화 중에 "교수님이 꼭 알아 오라고 하셔서요. 원고지 1장에 얼마를 받나요? 책 한 권을 번역하면 얼마죠?"라고 묻는 통에 혼났다. 요즘 친구들은 자신이 이루고자 하는 꿈을 지극히 현실적으로 받아들이고 있다는 걸 그때 인터뷰로 알게 되었다.

생각해보면 나는 꿈을 꿀 때 대단히 로맨틱하게 꾸었던 것 같다. 마음대로 부풀려 생각하고는 좋아서 어쩔 줄 몰라 했던 것 같다. 그때의 내가 이렇게 번역료가 적다는 것을 알았더라면 더는 꿈을 꾸지 않지 않았을까? 책 한 권을 번역하는 데 따르는 노동력과 박한 번역료 사이에서 오는 자괴감을 상상이나 할 수 있었을까?

나는 지금 청량리역 플라스틱 의자에 앉아 첫차를 기다리며 시간을 죽이고 있다.

첫차 시간이 5시 50분이라는 걸 알았다면 그렇게 서두르지 않았어도 좋았다. 조카들이 잠들어 있는 아파트에서 헌 수첩에 있는 정보를 새로 산 수첩에 옮겨 적거나 했을 것이다.

역에서 첫차를 기다리는 사람이 나만은 아니라 다행이다. 그들 대부분이 나이 든 사람이다.

일요일 새벽, 가방을 들고 어딘가를 향하는 노인들의 모습. 그들의 가방은 대부분 닳아 있었고 노동의 흔적이 엿보였다.

나는 전철역 자판기에 300원을 넣고 잠시 혼란스럽다.

'나 혼자 마셔도 될까?'

결국은 한 잔 마시기로 한 나는 100원을 더 넣고서야 커피를 마실 수 있었다. 청량리역 자판기에 이제는 300원짜리 커피는 없었다. 100원이 오른 사실에 어쩐지 서글퍼졌다. 오르고 또 오르는 도시의 물가와 일터용 가방 곁에 웅크리고 앉은 노인들의 생활이 무관하지만은 않은 것 같았다.

첫차는 5시 50분이 되어야 온다.

저는 꿈을
모두 이루었어요

일명 '우치아게(打ち上げ)'를 놓고 이렇게 번역해 본다.

"모두 2차에 가지 않을래요?"

"모두 한잔하러 가지 않을래요?"

"다 함께 뒤풀이하러 가지 않을래요?"

사전을 찾아보면 우치아게의 뜻은 '1. 쏘아 올리다(로켓 등) 2. 연극, 씨름 등의 흥행을 파함. 3. 사업이나 공사 등을 마침. 또는 그것을 축하하는 잔치. 4. 바둑에서 승부를 끝냄' 등이다. 이 대사에서 필요한 의미는 3번에 해당하기에 나는 여러 번 문장을 썼다가 지우기를 반복한 끝에 '뒤풀이'라는 단어를 선택한다. 이렇게 적확한 단어를 찾아낼 때 그 기쁨이란!

서둘러 나만의 일본어 어휘 목록 파일에 '우치아게=뒤풀이'를 포함시킨다. 이 어휘 파일은 번역이 완료될 때까지 확장할 것이다.

큰조카는 지난 주말 출퇴근길 전철 안에서 내가 번역한 『나는 뮤지엄샵에 탐닉한다』 6장 분량을 워드 파일에 입력해 주었다. 공부하라고 하면 얼굴을 찌푸리던 아이가 자진해서 무언가를 한 건 처음 있는 일이다. 신기했고 대견했다.

샤프로 깨알같이 쓴 내 글씨를 못 알아볼 때면—나는 큰조카가 워드 작업을 하는 동안 『러브디톡스』 역자 교정을 보고 있었다—조심스럽게 다가와서 묻고는 다시 컴퓨터 앞에 앉았다. 그러고는 한참 후에 자랑스러운 얼굴로 "번역 다 했어요. 고모." 했다. 아이는 워드 작업 또한 번역의 일부분이란 걸 알고 있는 것일까? 자신이 도움이 된다는 사실이 무척 기쁜 얼굴이었다. 덕분에 나는 아주 이상적인 휴일 오후를 보냈다.

큰조카는 열정적이고 건강하다. 무엇이든지 할 수 있고, 또 무엇이든지 할 수 있기에 아무것도 하지 못한다. 그러나 자고 일어나면 또다시 무엇이든 하지 않고는 견딜 수 없는 열정이 자라난다.

영풍문고에서 할머니 생일 선물로 산 책에 조카들과 축하 인사를 적고 나서의 일이다. 큰조카가 씽긋 웃더니 이렇게 말했다.

"고모, 저는 올해 하고 싶은 꿈을 모두 이루었어요. 바람막이 옷도 할머니께서 사주셨고, 방학 동안 파마도 했고, 스키 캠프에도 가고. 제가 원하는 걸 다 이루었어요."

나는 아이의 말에 감동했다.

큰조카는 학교에서 나누어준 스키 캠프 안내장을 보여주지 않았다. 공부를 하다가 지나가는 말로 스키 캠프 이야기를 꺼냈을 뿐이었다. 나는 그렇게 싼 값에 스키를 즐길 수 없다는 걸 알고 있었기에 무리해서라도 아이를 스키 캠프에 보내기로 했다. 큰조카로서는 집안 형편을 알기에 꿈도 못 꾸었던 스키 캠프를 보내주겠다는 내 제안에 얼굴이 상기되었다. 그 모습에서 어른들이 자신에게 해주는 모든 사랑을 그대로 느끼고 있다는 걸 알 수 있었다.

얼마 전에 파마를 허락한 할머니와 다투었던 건 모두 나의 노파심이었다. 할머니는 알고 있었던 거다. 아직은 보이는 것, 현실적인 것으로 어른들의 사랑을 확인해야 하는 나이라는 걸.

하이든의
유머

   교향곡의 아버지 하이든은 귀족 에스테르하지 일가의 악장으로 근무했다. 프랑스 베르사유궁전을 모방한 별궁을 짓던 귀족은 별궁이 채 완성되지 않아 거처가 비좁음에도 불구하고 관현악단을 불러 매일 연주를 시켰다. 단원들은 방이 부족해서 가족들과 떨어져 홀몸으로 별궁에서 지내야 했다. 하이든은 집에 가고 싶은 단원들의 마음을 후작에게 어떻게 전할지 고민하던 중 한 가지 묘책을 떠올리고 교향곡을 작곡했다. 별궁의 홀에서 연주회가 시작되고 4악장에 이르자 음악에 맞추어 연주자들이 한 명씩 무대 뒤로 사라졌다. 먼저 제1 오보에 이 제2 호른이 되상하고, 이어서 바순 주자가 사라지더니 결국에는 바이올린 주자와 지휘자만 남은 채 연주는 마무리됐다. 단원들의 마음을 알게 된 후작은 휴가를 주었다. 교향곡 45번

〈고별〉은 이렇게 탄생했다.

가족을 만나러 가고픈 단원들의 마음을 음악으로 표현한 하이든의 유머. 지난주부터 시작한 '올댓클래식(All That Classic)' 강의에서 들은 이야기다. 3월 한 달 동안 4주간의 클래식 강의를 신청했다.

오늘은 그 두 번째 시간. 100분 수업 중 20분만 들을 수 있었다. 사실은 그 20분조차도 들으러 갈 수 없을 정도로 바빴다. 오전에는 알코올 중독 치료를 위해 입원한 동생의 병원 문제로 뛰어다녔고, 오후엔 조카 학교 학부모 회의에 얼굴을 내밀어야 했다. 사정없이 바빴지만 나는 두 번째 강의를 들으러 가기로 했다.

마침 발트뷔네 상트페테르부르크에서 연주된 김연준의 〈비가(悲歌)〉가 흘러나오고 있었다. 하프 소리, 플루트 소리가 한없이 아름다웠다. 아름다움은 어쩌면 슬픔, 잠, 꿈, 죽음과 통해 있는 것일까. 음악을 들으면서 그런 생각을 했다. 그리고 눈물을 질금거리는 내가 있었다. 아마 긴장이 풀렸기 때문일 것이다. 나에게 지워진 책임은 혼자 감당하기에는 조금 무거웠다.

점심을 먹으며 엄마에게 들은 이야기를 정리해 보면 이랬다. 어제는 막내소가 반에서 임원선출이 있었는데 막내조카가 부회장 추천을 받았다가 두 표 차이로 떨어졌다. 저녁에 아이는 할머니에게 지나가는 소리로 한마디 했고, 할머니는 그 말이 잊히지 않았다.

"할머니, 영주는 공부도 잘하고 엄마도 있어서 회장이 되었잖아요? 나도 엄마가 있었으면 부회장이 되었을 텐데."

국밥을 떠 넣던 나는 잠시 고개를 갸우뚱거렸다. 지난주 으깬 감자 샐러드를 함께 만들면서 했던 말과 조금 달랐기 때문이다. 막내조카와 큰조카 그리고 막내조카의 친구 종운이에게 이렇게 말했다.

"있잖아, 이렇게 요리를 만드는 게 아이들에게 좋대. 너희들은 엄마가 없지만, 고모가 엄마인 거야. 이름이 고모인 거지. 너희들 나가서 엄마 없다고 기죽지 마."

"고모, 나는 엄마가 없어서 기죽은 적 한 번도 없었어요."

막내조카의 말이었다.

나는 그 말을 들으면서 아이가 좀 더 솔직해지길 바랐다. 엄마는 이렇게 어른이 된 나에게도 소중한데 말이다. 아이는 고모인 나를 안심시키기 위해서 큰소리를 친 것일 뿐이었다.

엄마가 있었다면 부회장이 되었을 거라고 아쉬워하는 아이의 마음은 어쩌면 솔직하지만, 건강하지 않을 수 있다. 예전 같으면 이걸 어쩌나 속상했겠지만, 나도 엄마 대행 5년 차이니 그냥 덤덤해지기로 했다. 기회가 될 때 이야기해도 늦지 않을 것이다.

'아들, 엄마가 없는 네가 혼자 힘으로 친구들이 선출하는 임원선거에 뽑힌 것만으로도 고모는 자랑스러워.'

엄마는 다음엔 종운이 이야기를 해주셨다.

종운이는 매일 한 번씩 운다고 한다. 여자아이가 놀려도 울고, 누가 밀어서 넘어져도 우는 종운이는 맘이 아주 여린 아이다. 엄마는 그런 종운이에게 이렇게 말씀하셨다.

"종운아, 그렇게 아이들이 괴롭혀서 힘들면 고모한테 전화해. 고모는 널 아들로 생각하니까 전화하면 금방 달려올 거야."

그 말을 들은 종운이가 손등으로 눈물을 닦다가 마침내는 흐느껴 울었다고 한다. 엄마는 그렇게 흐느껴 우는 아이의 모습을 보고, 아이가 평상시에 얼마나 속상한 일이 많았을까 헤아렸단다.

나는 종운이의 마음을 알 것 같다.

아이에게는 의외로 장애물이 많다. 캄캄한 밤도, 배고픔도, 친구들 사이의 싸움도, 공부도 모두 자신의 힘으로는 금방 해결되지 않는다. 그럴 때 아이들은 서럽게 운다. 말로 표현도 못 하고 엉엉 울기만 한다.

고모에게 전화하고 싶있는데 핸드폰이 없다거나, 고모와 통화를 한다고 해도 고모가 올 때쯤이면 놀리던 친구는 가버릴 수도 있을 것이고, 고모는 우리 엄마가 아니라면서 스스로 이해하고 넘어갔을 수도 있다.

세상 누구도 자신을 도와줄 수 없다는 기분이 들 때는 어떻게 해야 하나. 이 질문엔 나도 답을 찾고 있는 중이다.

그중 하나가 올댓클래식 강의를 듣는 것일 수도 있고, 나무를 주워와 여러 날 물감을 덧칠해서 하나의 쟁반을 만드는 일일 수도 있고, 이렇게 긴 이야기를 자신에게 들려주는 일일 수도 있다.

사랑의 학교

 나는 학교가 선생님들의 사랑으로 충만하다고 생각한다. 비록 ADHD(Attention Deficit Hyperactive Disorder, 주의력결핍 과잉행동장애)에 대한 전문적인 이해가 다소 부족하다고 해도 선생님들이 애정으로 우리 아이들을 대하고 있다고 믿고 있다.

 어제는 일일 명예교사로 초대되어 큰조카 고등학교에 갔다. 진로상담실에서 큰조카의 담임선생님으로부터 산만하다는 지적을 들었다. 예전 같으면 상담 내내 머리를 조아리며 선생님의 선처만을 구했을 터인데 올해부터는 그런 시선에 지나치게 흔들리지 않는 걸 보면 엄마 대행 십여 년 차에 나도 여유가 생긴 걸까? 한 학기가 지나도록 장점을 보여주지 못한 큰조카를 두둔하기 위해 선생님께 넌지시 말씀드렸다.

 "저희 아이는 산만하기는 하지만, 얼마나 착한데요. 집에서는 할머니 설거지도 도와드리고, 매일 저와 함께 영어와 일어를 공부한답니다. 수행평가에서 단어시험과 듣기평가는 백 점을 맞은걸요…."

나의 말에 선생님도 고개를 끄덕였다. 단지 조회시간에 빵 먹기, 떠들기 등 산만한 행동이 한 학기가 지나도록 달라지지 않는 것에 대해서는 할 말이 없었다. 아이는 그것이 병인 것이다. 그 병이 쉽게 고쳐지지 않는 것이다. 안타까울 뿐이다. 어떻게 하면 아이가 자신의 행동을 조절하고 사회적인 평가를 받을 때 불리하지 않게 할 것인가.

이윽고 선생님과 짧은 상담을 마친 나는 2학년 2반 교실로 안내받았다. 그곳에는 나의 수업을 기다리는 서른 명의 소녀들이 있었다. 따분한 얼굴로 바라보는 아이들과 호기심 어린 시선이 가득 한 아이들 앞에서 기죽지 않기! 마음속 주문을 걸며 인사를 했다.

"하지메 마시떼. 와타시와 이은주도 모시마스. 요로시쿠 오네가이 시마스."

아이늘이 와~ 한다.

"안녕하세요. 저는 이은주입니다. 잘 부탁합니다. 내가 수업을 하다가 존댓말을 하면 '수업 태도 안 좋네. 빨리 끝내고 가야지'라는 뜻이고, 반말을 하면 '너희들이 마음에 든다. 재미있는데'라는 뜻이다."

엎드려 있던 아이가 고개를 든다.

"그렇다. 세상은 차별이 있다. 편견도 있다. 앞으로 1년 반 후엔 여러분은 취업할 것이다. 150만 원을 받는 사람도 있을 것이고, 160만 원을 받는 사람도 있을 것이다. 보험료를 내고 화장품을 사고 옷을 사면 그 돈이 다 나갈 것이다. 가난하다. 그렇다고 200만 원을 받으면 부자가 될 수 있을까? 그렇지 않다. 200만 원을 받는다고 해도 부자는 될 수 없다. 150만 원을 받는 사람은 명동에서 2~3만 원짜리 옷을 살 테고 200만 원을 받는 사람은 백화점에서 20~30만 원짜리 옷을 살 것이며 자동차를 사고 집을 살 테니 가난하다. 마이너스 통장을 만들어야 한다. 그러나 꿈이 있는 사람은 가난을 견딜 수 있다. 희망이 있다. 행복할 수 있다. 오늘은 꿈에 대해서 이야기하겠다."

맨 뒤에 앉은 큰조카의 얼굴이 보인다. 집에서 보던 고모의 모습과 달라 어리둥절한 표정이다. 나는 준비해 간 프린트를 꺼내며 묻는다.

"오늘 나를 도와줄 사람이 필요한데."

교실 안은 조용하다.

"그럼 여기 일본어를 공부하는 사람이 있나?"

아무도 손을 들지 않는다. 나는 계속한다.

"평상시에 내성적이라서 기회가 와도 잘 잡지 못한다고 생각하는 사람 손들어 봐라."

한 아이가 조심스럽게 손짓을 한다.

내가 묻는다.

"이름이 뭐지?"

"김가람이요."

나는 번역한 책 중에 『사랑하는 다나다 군』 표지를 넘기고 학생의 이름을 쓴다.

"가람아, 오늘 네가 이 프린트 좀 나누어주겠니?"

책을 건네자 아이들이 일제히 순간 와아~ 한다.

잠시 후 가람이가 프린트를 나누어주고 와서 테이블에 있던 프린트에 말없이 손을 댄다.

"잠깐, 프린트가 부족하니?"

"예."

"그럼 부족한 사람이 와서 받아가야지."

수업 전날 나는 담임선생님으로부터 학생 수를 파악해두었다. 30명 분량을 프린트해갔으나 일부러 가람이에게 2장을 빼고 건네줬다. 부족한 프린트 분량은 미리 계획된 것이었다.

잠시 후 쭈뼛거리며 두 아이가 교탁 앞으로 나온다. 나는 이름을 묻는다. 이렇게 해서 30명 중 세 명의 아이 이름을 기억할 수 있게 된다.

나는 또 가람이에게 준비해 간 일본어 한자 사전을 건넨다.

"이 사전은 내가 일본어를 공부할 때 사용한 것이다. 박물관에나 두어야 할 만큼 낡았다. 수업하는 동안 모두 돌려 보길 바란다."

아이들이 표지 앞장과 뒷장이 달아났으며 형태가 일그러진 낡은 사전을 뒤적거리는 동안 내 이야기는 계속된다.

"우리 엄마는 일하는 엄마였다. 온종일 고생하시는 엄마를 보면서 빨리 어른이 되어서 엄마를 돕고 싶었다. 그러나 나는 산만증이 있어서 단기 기억력이 없는 편이라 공부를 못했다. 하지만 엄마를 생각하며 늘 책상에 앉아서 책을 읽었다. 그리고 번역가가 되었다."

한 아이가 엎드려 자기 시작한다. 나는 모르는 척한다. 중간에 한 아이는 손을 들고 화장실에 다녀오겠다고 한다. 나는 그러라고 한다. 아이의 손에 큰 두루마리 화장지가 들려 있다. 아이는 한 십오 분쯤 자리를 비운다.

"나는 어떻게 번역가가 되었을까?"

내가 한 말을 칠판에 분필로 쓴다.

"졸업을 하고 귀국했을 때 한국은 IMF로 일자리가 없었다.

그때 나는 여기저기 이력서를 보냈고 배가 고팠다. 면접을 보고 돌아오는 길에는 친구나 후배들 직장에 들려 밥을 얻어먹었다. 나에게는 점심을 사줄 선후배가 많이 있었다. 그런 어느 날 해양대학교를 나온 후배가 국제전화를 거는 모습을 보게 되었다. '헤이, 나 한국의 박인데…. 내가 이러저러한 멋진 것을 가지고 있는데 무역박람회 때 보지 않을래?'라며 후배는 일주일간의 미국 출장 일정을 잡는 것이었다. 신기하게도 전화한 통으로 언제 어디서 몇 시에 어느 부스에서 만나자는 약속이 일사천리로 진행되는 것을 보았다. 그 일을 계기로 나는 내가 좋아하는 책의 기획서를 작성하고 책을 내줄 만한 출판사 14곳의 리스트를 만들어서 세 번에 걸쳐 보냈다. 마침내 한 출판사에서 연락이 왔고, 그 책이 나의 첫 번역서가 되었다. 제목은 『친구가 모두 나보다 잘나 보이는 날엔』으로 지금은 절판이 되었기에 여러분은 도서관에서 빌려봐야 할 것이다."

나는 다시 칠판을 향해 돌아선다.

"그럼 번역으로 얼마를 벌까?"

다시 아이들을 향해 선다.

돈 이야기를 구체적으로 가능하면 정확하게 하기로 마음먹었던 바다.

"번역가는 가난하다. 특별히 유명한 번역가는 잘살겠지만,

나는 그렇지 못하다."

나는 칠판에 인세 계약과 번역료 정산 내역을 보여준다.

"이것이 작년 내가 번역으로 번 돈이다. 너희들이 졸업하면 받을 연봉과 비슷하다. 그래서 나는 늘 투잡을 한다. 학습지 교사, 음식점 서빙, 지금은 면세점에서 일하고 있다. 여기 너희들 앞에 꿈을 이룬 어른이 한 사람 서 있다. 가난하지만 꿈을 이룬 어른. 만약 여러분 중에 번역가가 되고 싶거나 꿈을 이루고 싶은 사람이 있다면 알려주고 싶다. 기회가 오면 놓치지 말아라. 가만히 있으면 기회는 오지 않으니까. 여기까지가 오늘 나의 수업이다."

수업을 마치자 십여 년 전에도 그랬듯이 반장이 일어나서 차렷, 경례를 한다. 수업은 끝이 났고 쉬는 시간을 알리는 종과 함께 아이들은 밖으로 뛰어나간다. 두 아이가 내 곁을 지나간다. 흩어진 책들을 챙기며 내가 묻는다.

"오늘 수업 어땠어?"

"좋았어요."

지나가던 한 아이가 내게 묻는다.

"저도 번역가가 되고 싶은데 어떻게 해야 하나요?"

"일단 외국어를 잘해야겠지? 일본어를 하면 JLPT 1급을 따면 좋겠고. 묻고 싶은 게 있으면 이메일을 보내주렴."

아이는 수줍게 '예' 한다.

큰조카가 내 책이 든 가방을 들어준다. 내가 묻는다.

"고모 수업 어땠어?"

"괜찮았어요."

"뭐? 꽤 짠데." 내가 웃으며 옆구리를 간질이자 큰조카가 허리를 구부리며 살짝 웃는다.

근데 용은
예뻤어요

엄마는 채널을 돌려가며 노무현 대통령의 뉴스를 보았다. 그때마다 눈물을 흘렸다. 어제는 9월에 퇴원할 예정인 동생이 잠시 외출을 나왔다. 병원 측에서는 퇴원하기 전에 외출과 외박을 통해 떨어져 지냈던 가족과 만나는 연습을 해야 한다고 했다.

조카는 아빠를 오랫동안 기다려 온 눈치였다. 아빠가 오자 함께 마트에 가서 책을 골라왔다. 그때까지는 좋았다. 마트에 다녀온 동생은 더웠는지 티셔츠를 벗었다. 드러난 몸은 맨살이 아니었다. 병원에서 알게 된 분이 용 한 마리를 그려주었단다. 가족은 모두 어떻게 반응해야 할지 어리둥절해 했다.

지인 봉사로 시작한 방과 후 수업을 위해 나가야 했던 나는 서둘러 자리를 떴다. 엄마의 얼굴을 보기 두려웠기 때문이다.

내가 문신에 대한 편견을 가지고 있다는 것을 인정해야겠다. 그러니 엄마 세대는 더욱 그럴 테다. 나는 동생의 문신을 보면서 내 안의 정신 한쪽이 실올이 풀리듯 술술 풀어지고 있는 것을 느꼈다.

일본어 수업을 시작해야 하는데, 주간 계획서를 써야 하는데, 가슴이 마구 뛰는 걸 느꼈다. 수업을 할 수 없을 것 같았다. 아니 하고 싶지 않았다. 어서 혼자만의 방으로 돌아가고 싶었다. 이 상황을 어떻게든 나름대로 정리하지 않으면 안 되었다. 알코올 치료를 받자고 입원시켰는데 상황이 더욱 안 좋아진 걸까? 마음의 동요를 감춘 채 학생들 앞에 서기 두려웠다.

그래도 어찌어찌 수업을 마쳤다. 수업 절반은 일본 동요를 연습하며 보냈다. 노래를 부르는 일, 조금이라도 현실을 승화시키는 일, 내 안의 유머를 찾는 일, 그것만이 오늘의 나를 온전하게 지탱시킬 수 있는 길이었다.

아이들은 내 절박한 심정을 아는지 모르는지 계획에 없었던 노래 부르기 수업에 대만족. 우선 한국어로 동요를 불렀다.

커다란 밤나무 아래에서.
너하고 나하고 사이좋게 놀아보아요.
커다란 밤나무 아래에서.

다음은 일본어로 불렀다.

오오키나 구리노 기노시타데.
아나타도 와타시. 나카요쿠 아소비마쇼.
오오키나 구리노 기노시타데.

아이들이 배운 노래를 합창하기 전에 나도 모르게 엉뚱한 말이 튀어나왔다.
"여러분. 노무현 대통령이 돌아가신 걸 알지요?"
"예."
"노무현 대통령이 천국에 가시도록 비는 마음으로 하늘까지 들리게 크게 불러주세요."
"예에~."
아이들은 아주 중요한 임무를 이제 막 부여받은 것처럼 동요를 부르기 시작했다. 나도 따라 동요를 불렀다. 그때 나에게는 동생이 가슴에 새기고 온 용 문신과 그 문신을 하고 돌아온 아들 때문에 속상해할 엄마에 대한 생각을 잊게 해줄 커다란 대의가 필요했다. 좀 더 숭고하고, 좀 더 아름답고, 좀 더 위대한 의미를 둘 수 있어야 했다. 그렇게 하면 내 아픔이 날아가지 않을까.

기도하는 마음으로 아이들은 하늘까지 닿도록 크게 크게 동요를 불러주었다.

'고마워 얘들아. 덕분에 동생의 얼굴을 바라볼 수 있는 힘이 났어.'

집에 왔을 때 동생은 외출을 마치고 병원으로 돌아간 후였다. 아빠와의 짧은 만남을 아쉬워하는 조카들과 나는 공터에서 원반던지기를 하며 놀았다. 아이들의 감정을 살피며 대화를 시작했다. 아빠의 문신을 어떻게 생각하는지 알고 싶었기 때문이다.

"아까 아빠 문신 보고 어땠니?"

"안 했으면 좋겠어요."

"그래. 그리고 또."

"근데 용은 예뻤어요."

생각 외로 아이들은 '쿨'했다.

그런 아이의 말에 반사적으로 내가 대답했다.

"그래. 나도 예뻤어."

조카의 말을 듣고 약간 안심이 되었다. 혹시 부끄러워하면 어떻게 하나, 아빠와 거리가 생기면 어떻게 하나, 노심초사였으나 별일 아닌 모양이었다. 할머니와 고모처럼 땅이 꺼질세라 한숨 쉴 일은 아닌 듯했다. 아빠는 아빠고, 나는 나라는 식의 담담함이 좋았다. 그러나 엄마는 달랐다. 조카들 앞에서 말씀은 안 했지만, 괴로워하는 모습이 역력했다.

티브이 채널만 돌려가며 노무현 대통령의 뉴스를 보고 또 보고, 울고 또 울고…. 자신의 처지를 '오버랩'하며 울고 있었다. 엄마는 뭔가 분위기 전환이 필요해 보였다. 마침표가 필요한 것이었다.

나는 조카들에게 핸드폰으로 새벽 5시에 알람을 맞춰 놓도록 했다. 아무래도 할머니께서 노무현 대통령의 빈소가 마련된 덕수궁에 가셔야 할 것 같다고 설명을 했다.

새벽에 알람이 울렸다. 자는 아이들을 깨워 서둘러 씻게 하고 옷을 입혔다. 택시를 타고 새벽길을 달려 덕수궁 앞에서 내린 우리는 20분 동안 차례를 기다렸다가 조문을 마치고 긴 덕수궁 돌담길을 걸었다. 새벽 덕수궁 돌담길은 나무와 풀냄새가 향긋했다.

'그래 이제 엄마는 울지 않을 거야. 맞아. 동생은 늘 문신을 동경해 왔어. 동생은 자신이 하고 싶은 걸 함으로써 건강해지고 싶었던 걸 거야. 마치 부적같이. 꿈을 이룬 거지. 꿈은 사람마다 달라. 난 욕심을 부리고 있었던 거야. 알코올 병동에 입

원하면 사람이 바뀌어 돌아올 거라는, 내가 원하는 동생으로 돌아올 거라고 말이지.'

덕수궁 돌담길을 돌아 집으로 돌아오는 내내 우리는 말이 없었다. 아이들은 아침을 먹고 가방을 메고 학교로 향하고, 엄마는 다시 티브이를 향한 채 뉴스를 보고 나는 일터로 향했다.

커다란 밤나무 아래에서.
너하고 나하고 사이좋게 놀아보아요.
커다란 밤나무 아래에서.

온종일 동요가 입안을 맴돌았다.

좋은 병원에 가고 싶어!

새벽에 걸려오는 전화는 모두 동생이 건 전화다. 어제도 나는 새벽 벨 소리에 깼다.

"집에 들어가기 싫어서 전화했어."

새벽 운전을 마치고 술을 한잔 걸친 목소리.

"교통사고를 냈어. 비에 미끄러져서. 엄마는 내 사정도 모르고 화만 내고."

(동생의 이야기를 길게 들어줘야 할지, 지금 출근 준비한다며 끊을지 판단 중.)

"그래서 들어가기 싫어."

(역시 끊어야겠다고 생각하는 나.)

전화를 끊고 가슴에 손을 얹고 바로 누운 채 다시 잠을 청해본다.

'너는 모를걸? 밤이면 가위에 눌리기도 하고, 네가 문 두드리는 환청이 들려 자주 깬다는 사실을. 너는 아마 죽어도 모를 거야. 레몬 빛 스탠드 불빛을 의지해 간신히 잠이 든 것도, 새벽 전화벨로 흔들어 깨우면 다시 잠들지 못한다는 사실도 모르겠지.'

나는 눈을 깜박거리며 천장을 바라보다가 옆으로 돌아눕는다. 역시나…. 다시 전화벨이 울린다.

우리 남매는 추석을 전후로 우울증을 겪는다. 누가 먼저 그런 증세를 보였는지 모르지만, 그렇게 가을이 오고 있음을 몸보다 마음이 먼저 알아챈다. 무기력하고 침울한 상태를 몇 주 동안 견디어 내면 나는 다시 평상심을 찾는다. 전문직에 종사하고 마흔이 넘은 사람이 우울증 약을 먹는 건 당연하다는 글을 발견했을 때는 위로가 되기까지 했다. '그래, 다른 사람들도 가을이 오면 약간은 우울해하는구나.'라고.

그러나 동생의 증상은 시작을 알리는 신호에 불과하다. 봄이 올 때까지 정신 못 차리고 조울증 증세가 점점 심해진다. 우울한 증상을 알고 있는 나로서는 그런 동생이 가엾기도 하고 피곤하기도 하다.

동생은 2주간 코피를 아무 때나 쏟는다. 병원에 가보라는 말도 듣지 않고 고집을 피우더니 2주가 지나자 약간 불안한 내

색이다. 엄마와 나는 이 고집쟁이에게 이겨본 적이 없기에 그대로 지켜보기로 한다.

전화벨이 여러 번 울리는 동안, 나는 귀찮은 전화를 그냥 무시해야 할지, 따스한 말로 위로를 해줘야 할지를 잠시 망설이다가 전화를 받는다.

"누나, 내가 술을 마셔서 뇌가 이상해졌나 봐."

"누나, 난 아무래도 일찍 죽을 것 같아."

"누나, 엄마는 왜 내 마음을 몰라주지?"

"누나, 난 아무래도 안 되겠어."

예전 같으면 '그래 죽어.' 하고 화부터 냈겠지만, 동생의 새벽 전화를 십여 년 넘게 받다 보면 그렇게 말해서는 안 된다는 것쯤 안다.

"아직도 코피가 난다며? 너 그러다가 뇌출혈이라도 나서 쓰러지면 어떻게 해."

동생은 알코올리즘 치료를 위해 병원 약을 처방받았다. 신경안정제, 수면유도제 등이 함께 들어있기에 그렇지 않아도 약을 해독하는 기관인 간이 피로해 있을 텐데 술까지 해독시켜야 하니 몸이 아플 수밖에.

내가 속삭인다.

"병원에 가자."

"싫어, 안 가. 이러다가 죽을래."

"이젠 어리광 좀 그만 부려! 나도 지쳤다. 인제 그만 좀 하자. 아니, 내가 먼저 죽는 꼴을 보려하느냐…."

이런 대사의 마지막에는 늘 아이들이 등장한다.

"너 죽으면 네 딸은 대학 못 가고 바로 취직해야 해. 공부 잘하고 총명한 네 아들은 학원을 그만둬야 하고. 너 그래도 좋아? 진짜 그래도 좋으냐고. 죽지도 않고 쓰러져 있으면, 엄마와 나는 널 살리려고 또 빚을 져야 해. 우리가 널 그냥 내버려둘 것 같으냐. 응? 내 마음은 아~무도 모른다."

점점 더 화가 나서 전화를 끊어버리자 5분도 채 되지 않고 또 전화벨이 울린다.

수화기 저편에서 울고 있다. 아빠를 닮아 일찍 머리가 센 은발의 마흔 넘은 덩치 큰 남자가 집에 들어가지 않고 남의 담장 한편에 서서 전화기를 붙들고 울고 있는 게 보인다.

"왜, 소리를 지르고 그래! 흑흑."

"울지 마! 온종일 코피가 나도 병원에 안 가는데 그럼 어느 누가 가만히 있겠니? 응?"

"그래. 나는 못난이인가 봐. 아무리 노력해도 잘되지 않고 사고만 내고…. 흑흑."

"그러니까 병원에 가서 고치라고. 넌 조울병이야. 작년에 나랑 통화하고 네가 스스로 알코올 치료받으러 간 건 기적이야. 술 마시는 사람이 스스로 병원에 간 건 기적이라구. 나. 는. 네. 가. 진. 짜. 변할 줄 알았다."

내 목소리에도 조금씩 습기가 차고 있다.

"흑흑흑."

"이렇게 우는 게 바로 병인 거야. 그런데 또 술을 마시면 어떡해. 정말 살아야 하지 않겠냐? 네 아들은 똑똑해. 똑똑한 아들이 아버지 없이 크길 바라니?"

자식들 이야기만 하면 너무 가슴이 아픈지 더 크게 우는 동생이 작심을 했는지 울면서 말한다.

"갈게. 병원에 갈게."

"그래, 내가 내일 휴가를 내서라도 함께 갈게. 그러니까 이제 들어가서 잠 좀 자둬. 내일 9시. 국립의료원에서 만나."

"조흔병원에 가고 싶어."

"조흔병원? 그래, 그게 어디 있니? 네가 가고 싶은 병원에 가자."

"몰라. 조흔병원."

"네가 모르면 누가 아니? 아, 좋은 병원?"

"응…."

"그래, 좋은 병원에 가자. 그럼 서울대병원에서 만나. 늦지 마라. 알겠니?"

　전화를 끊은 내가 이젠 완전히 잠이 깨어 벌떡 일어나 형광등을 켠다.

　잠이 달아나버리자 신경림 시인의 〈갈대〉 마지막 구절이 기도처럼 나온다.

　'산다는 것은 속으로 이렇게 조용히 울고 있는 것'인가 보다.

너에게 혹은
나에게

　작년 5월 1일을 기억하니? 네가 자발적으로 국립의료원에 치료를 받으러 간 날이다. 나는 2011년의 기적이라 부르지. 알코올중독자는 절대로 스스로 병원에 가지 않거든. 근데 너는 그걸 해냈지. 2010년 가을을 기억하니? 우리 남매는 추석 전후가 되면 우울증을 앓지. 이건 아주 오래되었어. 그때 너는 자신이 우울증을 앓고 있다는 사실을 모르는 채 술을 다시 입에 대었지. 그리고 10월부터 4월까지 계속 술을 마시게 된 거야. 알지? 한번 마시기 시작하면 절대로 멈추지 못한다는 걸.
　급기야 엄마를 위협하고, 집안을 어지럽히고 아이들은 그 모습을 모두 보았잖니. 그날 새벽, 너는 울면서 전화를 했어. 그리고 기적처럼 스스로 병원에 가서 약을 처방받았지.
　2012년 기념일이나 생일처럼 누나의 수첩에는 '동생이 스스로 병원에 간 날'이라고 적혀 있단다. 5월 4일 메모에는 '동생이 아들과 함께 잠실야구장에서 홈런볼을 잡다.'라고 적혀 있다.

너는 약에 취해서 비틀비틀 걸으면서도—술에 취해서 비틀거리는 것과는 차원이 다르지. 치유라는 희망의 비틀거림이니까—아들에게 홈런볼을 잡아주었잖니. 아빠로서 네가 아들에게 해준 최고의 선물이었다.

오늘은 기쁜 날! 알코올 중독은 재발, 삼발, 영원히 고칠 수 없다는 걸 알지. 하지만 너는 오늘도 기적을 만들었어! 스스로 입원 치료를 선택했거든. 너는 아티반을 먹고, 링거를 꽂고 금단증상을 없애기 위해 침상에서 잠들어 있다. 가슴 위에 두 손을 얹은 채.

누나는 곤히 잠든 네 얼굴 위로 눈물이 떨어질까 봐 얼른 고개를 든다.

이봐, 동생.

누나는 아직 젊고, 아이들은 아직 어려. 네가 실패하고 또 실패해도 기다려줄 수가 있다. 하지만 엄마는 달라. 이제 얼마 시간이 남지 않았어. 너의 반복되는 실패와 기적을 기다려줄 만큼 엄마는 젊지 않다. 엄마는 네가 살짝 밀기만 해도 여기저기 멍이 드는 게 사실이야. 네가 술을 마시고 험한 행동을 하고 나면 엄마는 며칠씩 잠 못 들고 깜짝깜짝 놀라시는 걸 너는 아니?

그러므로 이번 입원이 기적이 되고 축복이 되는 건 오직 너에게 달렸다. 집중해서 자신과의 싸움에서 이겨야 해. 지루한 시간을 견디는 것이 첫 번째 네가 할 몫이야. 성급히 퇴원을 서두르면 우리는 정말 실망이다.

네 딸이 쓴 편지를 노트에 베끼고 또 베껴 쓰렴. 지루한 시간을 극복할 수 있을 거야.

일터에서 ①

내 이름은 미미

  4년 11개월 만에 또 인력소개소 '파출○○'의 문을 두드린다. 인천공항이 대대적인 리뉴얼 작업에 들어가 면세점을 그만두게 된 것이다. 2층 계단을 올라 활짝 열린 문으로 들어가기만 하면 일을 구할 수 있으니 그나마 다행 아닌가.

"일이 필요해서요."

"홀이요? 주방이요?"

"대부분 주방에서 했어요."

"가입비는 6만 원이에요."

  나는 지갑에서 6만 원을 꺼내 준다.

  "여기까지 오는데 얼마나 힘들었는지 몰라요. 한번 오기만 하면 되는데…. 한동안 일을 쉬었죠. 아이 학원비가 필요해서요."

  나는 묻지도 않는 말을 꺼낸다.

사실 막내조카가 자립형사립고등학교에 들어간 이후 매달 7~80만 원이 들었다. 9월에는 다음 달 떠나는 해외 수학여행비 (무려) 85만 원에다가 학교 운영비 13만 원, 학원비 40만 원, 석식비 8만 원, 강남구청 수험생 인터넷 강의료 5만 원이 필요하다.

파출○○의 사장이 영수증을 쓰는 동안, 내 귀에는 푸치니 《라보엠》 중 미미의 아리아 〈내 이름은 미미〉가 흐르고 나는 상념의 계곡에 갇힌다.

사람들은 절 미미라고 불러요. 하지만 진짜 이름은 루치아지요. 제 이야기는 간단해요. 아마포나 비단에 수를 놓지요. 즐겁고 행복한 삶이죠. 짬이 나면 백합이나 장미를 만들어요. 사랑이나 봄에 대해 이야기하고, 꿈이나 시(詩)에 대해 말하는 걸 좋아해요. 미사에 늘 가지는 않지만, 혼자서 기도를 자주 드려요. 눈이 녹으면 첫 햇살은 제 것이에요, 4월의 첫 키스도 제 것이에요. 장미가 피면 그 꽃잎을 바라보아요. 부드러운 꽃향기도. 제가 만드는 꽃은 향기가 없어요. 달리 드릴 말씀은 없네요.
- 〈내 이름은 미미〉 가사, 『봉주르 오페라』(김성현, 아트북스, 2016) 중에서

문학이 인생의 전부라고 믿었죠. 20대부터 꿈을 키웠어요. 지금도 그 생각에는 변함이 없답니다. '라이프 워크(Life Work)'

가 확고하다면 '라이스 워크(Rice Work)'는 어떤 일을 하더라도 괜찮아요. 그래요. 저는 틈이 나면 좋아하는 책을 읽는답니다. 혼자 미술관을 어슬렁거리거나 동물원에서 시간을 보내고는 하지요. 지난번에는 세 살인 조카손자를 데리고 어렸을 때 소풍 다녔던 어린이대공원에도 갔죠. 어린이대공원의 밤의 분수가 얼마나 아름다운지 이야기해 드릴까요? 저는 분수 앞 벤치에서 이런 글을 썼죠. 읽어 드릴게요.

> 7시부터 공연이 있었어요. 오스트리아에서는 잔디밭 공원에서 무료 연주가 많다고 이모는 자주 들려주셨죠. 재즈에 맞춰서 아기는 기저귀 찬 오리 궁둥이로 리듬을 타고 저는 발로 박자를 맞추고…. 바람이 불고 분수가 있는 공원에서 나오기 싫었어요. 마치 이 공원을 몇십 년째 산책하고 있는 노인처럼 습관처럼 내일 또 오고 싶어졌어요.

밤의 분수는 얼마나 아름다운지요. 시원한 물줄기, 밤하늘을 수직으로 곧게 뻗어 나가는 모습이 격정적이기까지 하답니다. 나의 작고 어린 애인은 분수 옆 장난감 가게에 진열된 풍선을 탐내고, 나는 벤치에 앉아 음악에 귀를 기울입니다. 장난감을 탐내던 작고 어린 애인은 이번엔 내가 쓰고 있는 볼펜과 수첩을 탐냅니다. 가방에서 찾아준 빨간펜으로 손바닥만 한 메모지에 수많은 동그라미를 그리고 놀고 있지요. 공원에서의 하루가 지나고 있습니다.

파출○○ 사장과 헤어질 때 악수를 하지는 않았지만 어떤 의식인양 눈인사를 하고 다시 2층 계단을 내려와 집으로 가는 버스를 탄다. 일도 시작하지 않았는데 피로가 밀려와 집으로 돌아와서 침대에 눕는다. 빨리 내일이 왔으면, 내일의 태양이 뜨고 다시 밤이 왔으면 그럼 내 손에는 7만 원이 들어오고 또 그다음 날, 다음 날에도 벌어서 곧 다가올 추석에는 엄마에게 다만 얼마라도 명절 용돈을 드려야 될 텐데. 그런 생각을 하면서 잠이 든다.

이윽고 홀 서빙 첫째 날, 주꾸미 식당으로 배정받고 집에서 10분 거리의 일터로 향한다. 한 시간 반씩 걸리던 공항 출근과는 달리 차비 하나 안 들고, 단 10분 만에 일터에 갈 수 있는 이 기쁨이여. 걸으면서 시작된 공상이 달콤하다.

이 작은 손이 이다지도 차가운지요. 내가 따뜻하게 녹여 주리다. 어둠 속에선 열쇠를 찾을 수 없는걸. 다행히도 오늘 밤은 달이 떴으니 이 방에도 곧 달빛이 들 거요. 기다려요 아가씨, 내가 누군지, 무얼 하는지, 어떻게 사는지 말씀드릴게요. 내가 누구냐고요? 나는 시인입니다. 무엇을 하느냐고요? 글을 쓰지요. 어떻게 사느냐고요? 가난하지만 행복하게 살아요. 임금

님처럼 시와 연가를 쓰고, 희망과 꿈의 누각에 살면서 마음만은 백만장자이지요.

— 〈차디찬 손〉 가사, 『봉주르 오페라』(김성현, 아트북스, 2016) 중에서

어떻게 사느냐고요? 가난하지만 행복하게 살아요. 어제는 여름이면 즐겨 입던 미숙이가 준 옷으로 의자 리폼을 완성했어요. 낡긴 했지만 원단이 예뻐서 의자에게 입혀 주었지요. 편하게 앉아 쉴 수 있는 의자를 갖는다는 건 저의 오랜 로망이랍니다. 이 의자는 2년 전에 거리에서 주워 왔는데 불행하게도 아기가 쉬를 한 데다 제가 서툴게 세탁을 하는 바람에 여기저기 얼룩이 생겼지만, 이제 세계지도는 감쪽같이 사라졌죠. 마치 동화책 속 할머니가 만든 퀼트 같아 보이기도 해요.

나의 공상은 12시간 동안 7만 원을 벌기 위해 가게 문을 밀고 들어가면서 끝이 난다.

주꾸미로 유명한 그 가게에는 한 백만 년 동안 파만 썰었을 것 같은 안주인인 듯한 분이 손으로는 부지런히 파를 썰며 날카로운 눈초리로 나를 순식간에 스캔하고 있다. 자신의 가게를 하루 동안 맡길 만한 사람인지, 손목은 튼튼한지, 동작은 민첩한지, 스스로 자기 할 일을 찾아서 하는 타입인지, 일일이

시켜야 하는 타입인지, 게으른지, 부지런한지 등등.

　곁에는 만성 피로로 얼굴색이 까만 내 또래의 여성이 앉아 있다가 내게 앞치마를 내주고 테이블부터 닦으라고 일러준다. 나는 다음 주로 다가온 중간시험에 볼 중급 중국어2의 단어장이 들어있는 가방을 한쪽에 던져 놓고 청소를 시작한다. 우리는 서로의 이름도 묻지 않고, 나이도 묻지 않는다. 12시간을 함께 있을 수 있다는 걸 증명하기라도 하듯 개인 신상에 관한 것은 제쳐 놓고 일만 한다. 하지만 분명히 알 수 있는 건 만성 피로로 얼굴이 까만 분은 연변 출신으로 대단히 인정이 많은 분이고 행동이 민첩하고 호감형이라는 사실이다.

　나도 어느새 이 세계에서 통하는 단숨에 상대방을 읽는 스캔이라는 걸 몸에 익힌 것이다.

일터에서 ②

네 이름은 어랍쇼

둘째 날은 8시에 전화가 울린다.

"종일을 원하신다고 하셨지요?"

"예."

"홀 서빙으로요."

"예."

"그런데 어쩌죠? 이곳은 3시부터 9시. 4만8천 원에 주방 설거지를 원하는데."

나는 일이 없는 것보다 하는 게 낫겠다 싶어 요즘 유행이라는 '빠네 치킨' 요리를 파는 치킨집 주방 일을 하기로 한다. 가게 이름 기 전화번호가 눈사로 본다.

오픈한 지 얼마 되지 않은 듯 치킨집 앞에는 인테리어를 손보는 이들이 있다. 입구에서 마주친 차이나 칼라의 흰 셔츠를

입은 아저씨가 인사를 건넨다. 그가 주인인가 보다. 동그란 테 안경을 쓴 모습이 인생 제2막을 막 시작한 사람의 얼굴이다. 그 곁에서 분주히 움직이던 귀여운 얼굴의 여인이 다가온다. 주방으로 안내하는 동안 줄곧 웃는 얼굴이다. 뭔가 기대에 찬, 새로운 삶이 재미있다는 듯한 눈동자.

미로처럼 복잡한 전철역 출구를 못 찾아 다리품을 판 내가 물을 한잔 구하자 안주인은 냉장고에서 생맥주용 잔을 꺼내 한가득 찬물을 담아 준다. 손끝에 느껴지는 차가운 유리잔. 목 넘김이 좋은 시원한 물을 마실 때면 일본어를 배우기 시작할 당시 보았던 흑백영화의 한 장면이 떠오른다.

나쓰메 소세키 원작을 영화화한 작품인데 불륜을 다루고 있다. 여주인공은 남편 몰래 남자의 집을 향해 뛴다. 숨이 턱에 찰 정도로 뛰어 들어간 여주인공은 흰 백합이 든 화병의 물을 단숨에 꿀꺽꿀꺽 마신다. 영화를 보고 있는 나조차 그 물을 함께 마시기라도 한 것처럼 시원하게 들이키는 여주인공을 보며 나도 언젠가 백합 물을 마셔보리라 생각했다. 침봉에 꽂힌 그 물이 얼마나 맑고 시원하게 묘사되었는지 지금도 눈에 선하다.

주방으로 안내받은 나는 비닐 앞치마를 두르고 설거지를 시작한다. 종일제를 쓰지 않고 바쁜 시간만 사람을 부르는 곳은 늘 설거지가 밀려있다. 주방에는 식기 세척기가 설치되어 있다. 세척기를 다루는 일에 익숙하지 않았을 때는 세척기 안에 그릇을 넣기 전에 음식물 찌꺼기를 물로 한번 헹구는 걸 보고 어이가 없었다. 어차피 물에 손이 닿을 텐데 굳이 세척기를 쓰는 이유가 뭘까 하고. 하지만 일단 써보면 금방 알 수 있다. 세척기는 설거지를 순식간에 끝내고 다음 일을 기다릴 수 있게 할 만큼 빠르다.

주방에는 한눈에 '홍대 필'이 물씬 나는 조리사 두 명이 있다. 20대 중반의 그들은 서로 농담을 주고받긴 하나 서열이 정해져 있는 듯하다. 콧수염을 정성 들여 다듬은 듯한 사내가 동글동글한 얼굴에 통통한 사내에게 말을 꺼낸다.

"다음 달 일요일 나 쉬어도 되겠어?"

"언제?"

"25일."

"안 돼."

"에이, 일요일은 한가하잖아."

"안 돼. 바빠."

그들은 다음 화제로 넘어간다.

"이 닭은 나중에 써야지?"

"응."

"앗, 뭐야. 왜 이래. 어떻게 했어?"

"몰라. 튀겼는데 붙었네."

"이리 줘 봐. 내가 해볼게."

나는 그들의 대화를 들으며 세척기에 그릇을 넣는다.

동글동글한 사내가 등 뒤로 오더니 인사는 생략하고 대뜸 지시한다.

"아줌마, 그릇 더 넣어야 해요. 이 기계 전기가 엄청 들거든. 이렇게 넣으면 이쪽에 넣을 수 있잖아."

"그럼 문이 안 닫히는데요."

"그럼 생각을 해야지. 뚜껑을 뒤집어 놓고…."

그러고는 휙 가버린다.

안주인이 주방에 들어온다.

"뭐 필요한 게 없어요?" 하고 묻는다. 나는 행주 하나를 청한다.

동글동글한 사내가 웃으며 안주인에게 말한다.

"주방에는 들어오지 마세요."

물론 농담이다.

'어랍쇼?'

나를 대하던 몸짓이나 말투와는 다르다.

'그래 당신은 오늘 내내 '어랍쇼'라 부르겠다.'

개수대 가장자리를 행주로 닦으며 혼자 어랍쇼에게 별명을 붙인다. 콧수염이 음악을 튼다. 잠시 후 한숨.

"아, 이 곡 너무 좋아."

노랫말을 들어 보니 〈겨울 연가〉의 주제곡이다. 몇 곡이 흐르는 사이에 닭은 계속 튀겨지고 있다.

곁에서 어랍쇼는 빠네 윗부분을 빵칼로 잘라 뚜껑을 만들고 속을 파낸다. 소스가 들어갈 자리를 만드는 중이다. 식기 세척기가 돌아가는 동안 그가 작업하는 걸 보고 있다. 어랍쇼가 내 시선을 느꼈는지 고개를 든다.

"아줌마 거기 있는 설거지 끝나면 이쪽에도 와서 해야 해요."

어랍쇼는 주방 안쪽의 개수대를 가리킨다. 그곳에는 튀김닭 반죽했던 그릇이며 소스를 버무렸던 프라이팬, 국자 등이 있다. 퐁퐁을 찾는 나에게 어랍쇼가 말한다.

"이쪽에 있는 것들은 퐁퐁을 안 써요. 아주 끈적거리지 않는 한."

나는 고개를 끄덕인다. 온종일 반죽하고 소스를 버무리는 도구를 매번 퐁퐁으로 닦는다면 세제 찌꺼기가 남을지도 모르니까.

두 사람은 담배를 피우러 나간다. 음악이 바뀌고 이쪽저쪽을 오가며 설거지를 하던 나는 나도 모르는 사이 어랍쇼가 안

주인을 대하는 태도와 나를 대하던 태도의 차이를 분석한다.

오규원의 시처럼 '가끔은 주목받고 싶은 生이고 싶은' 나와 '人生이란 그저 살아가는 짧은 무엇이 아닌 것'이라고 믿던 내가 그렇게 일그러져 있다.

단지 업무지시를 한 것뿐일 텐데 묘한 태도의 차이나 찾고 있다. 상처받은 자의 눈으로 세상을 보면 도처에 갑과 을만 있고, 권력 앞에 무기력해진 느낌이 드는 것이다. 그러므로 나는 가끔은 주목받는 생이 아니라 매일 온전한 자아를 찾고 싶다. 그것도 건강한 자존감을 가진 자아이며 사소한 것에 흔들리지 않는.

주문이 매우 까다롭지만, 이것이 오늘 내가 자신에게 요구하는 주문이다.

약속한 9시다. 홀에는 어느 정도 손님이 빠져나갔지만, 설거지는 끝나지 않는다. 나는 망설인다. 칼 퇴근을 하느냐 마지막 마무리를 하고 가느냐.

어차피 일찍 가도 오늘 일과는 끝났으니 상관없겠지만, '역시 아줌마들은 일을 깔끔하게 마무리하지 않는단 말이야'라는 식의 불평을 듣지 않겠다는 의지를 불태우며 설거지에 몰입한다. 9시 20분이 되니 얼추 끝냈니 싶더니만 역시 어랍쇼. 저쪽 개수대를 가리키며 "이제 주방 마감할 테니까 퐁퐁을 써서 닦아주세요." 한다. 반죽하고 소스를 버무리던 도구들이 산처럼 쌓여 있다. 오기가 생긴 나는 '좋아 어디 해볼까.'라며 아줌마 정신을 보여주려는 찰나, 어랍쇼는 퇴근을 서두른다.

어랍쇼는 주방에 안주인이 들어올 때마다 농담처럼 주방엔 들어오지 말라고 한다. 이 말은 이곳 주방은 내 영역이니 들어와서 참견하지 말라는 의미도 있고 자신의 노하우를 안주인이 배워버리면 자신의 일자리가 위태로울까 하는 위기의식도 보인다.

그러나 내가 보는 시점에서는 안주인은 주방 일을 도맡을 만큼 체력도 안 되고 주방 일을 그다지 좋아하는 타입도 아니며 돈 욕심이 많아 보이지도 않거니와 가족에게 보호받고 살아온 흔적이 역력하니 안심하시길. 단지 어랍쇼가 술을 마신 다음 날 무단결근을 하거나 갑자기 일이 생겨서 주방을 비우면 큰일이니 일을 배워두겠다는 마음에서일 것이다.

약속했던 시간에서 한 시간이 훌쩍 지난 후에야 겨우 앞치마를 푸는 내게 안주인은 저녁을 먹고 가란다. 예의 콧수염도 밥을 새로 했으니 먹고 가란다. 밥집에서 밥을 안 먹고 가면 무슨 의미가 있나. 어차피 집에 가서 먹을 참이었는데. 나는 콧수염이 한 밥을 빛의 속도로 먹기로 하고 그날 처음 의자에 앉는다.

 안 하던 일을 했더니 몸이 너무 무거워 쉬고 싶다. 5년 전과 비교해서 임금은 동결되었고, 식당 인력은 극히 최소한으로 유지되고 있다. 그야말로 화장실 갈 시간조차 없을 정도다. 이렇게 열악한 근무 방식이니 일하는 사람들이 못 버티고 쉬운 일을 찾을 수밖에 없다. 사람들이 힘든 일은 싫어하고 쉬운 일만 찾는다는 발상은 그 노동의 강도를 겪어 보지 않은 사람들의 시각이거나 그런 노동을 견디더라도 노동만큼 이윤을 챙길 수 있는 오너의 입장일 것이다. 힘든 일을 싫어해서 안 하는 것이 아니라 몸이 못 견디니까 버티지 못하는 것이다.

 근육통 약을 먹고 하루 쉰 후, 내가 다시 도전한 곳은 설렁탕을 전문으로 하는 식당이다.
 7611번 버스를 타고 ○○회관에서 하차. 가게 안은 커다란 가마솥 두 개가 펄펄 끓고 있다. 국밥에 넣을 머릿고기를 썰고 있는 노인이 정면으로 보인다. 일흔은 족히 넘었을 것 같다. 그의 주름진 얼굴과 커다란 골격. 고기를 써는 칼보다는 조각칼을 잡는 것이 어울릴 듯한 존재감을 드러낸다.
 15분 전에 도착한 나에게 그는 밥부터 먹고 일하라 한다. 그가 말하자 홀에 혼자 앉아 식사 중이던 할머니에 가까운 분이 밥 한 공기를 가지고 온다. 그녀는 입안이 깔깔한지 냉면 그릇에 담은 밥을 물에 말아 삼킨다. 나는 그녀가 주는 대로 식은 콩나물국에 밥을 말아 식사를 시작하며 주꾸미 집에서는 가지 요리를 맛있게 해주셨는데 하고 비교하기 시작한다. 밥집에서 일하는 기쁨이 있다면 잊었던 요리나 새로운 요리와 만날 수 있기 때문이고, 그 요리를 집에서 따라 해볼 수 있기도 해서이다. 그러나 그런 투정은 나중에 저녁 밥상에서 바뀌고 만다.

주방장이며 가게 주인이기도 한 노인은 저녁이 되자 나물을 내온다. 고사리나물, 도라지나물, 콩나물에 볶은 배추. 모두 손이 많이 가는 음식들인데 마치 당뇨식처럼 정갈하고 싱겁다. 고추장도 안 넣고 단지 김 가루만 넣은 흰 비빔밥을 먹었는데 정말 맛있다. 12시간 동안 노인이 보여 준 희로애락을 글로 쓰면 정말 단편소설 감이다.

그는 아주 친절한 신사였다가, 자신의 의도대로 안 되면 노발대발하며 상소리를 했다가, 시사 뉴스에 관심 많은 보통 노인이었다가 손님들에게는 추가한 밥값, 사리값 안 받는 한없이 후한 인심 좋은 장사꾼이었다가, 월급제 면접을 보러 온 사람에게 주야장천 자기 이야기만 늘어놓고 물 한잔 내주지 않는 인색한 주인이었다가, 퐁퐁 세제 속에서 밥그릇을 꺼내 물

한번 끼얹고 마는 부도덕한 짓을 하며 나에게 꾸물대며 설거지를 한다고 호통 치던 흉포한 노인이기도 하다.

아까 먹은 내 밥이 퐁퐁 물에서 건진 밥공기냐며 불만을 토로하는 내게 함께 조용히 일하던 할머니께서 '주방에서 일하는 아줌마는 안 그래. 오늘이 마침 쉬는 날이라서'라며 말을 아낀다.

나는 그 노인에게 '사람이 온다는 건 실은 어마어마한 일'이고 '그의 과거와 현재와 그리고 그의 미래와 함께 오기 때문이다. 한 사람의 일생이 오기 때문이다.'라는 정현종의 시 〈방문객〉을 들려주고 싶었다.

노인은 아마 자부할 것이다. 하루 70만 원 매상, 월 2,100만 원의 매출이 있으며 직원이라고는 주방에 한 명, 홀에 한 명 쓰고 계산은 전산화된 포스가 알아서 해주니까. 기분에 따라 상대에 따라 팔색조처럼 목소리며 억양을 바꾸고 심지어 모국어를 기초에서 중급, 고급으로 다양하게 구사하며 하루를 보낼 수 있으니까. 그러나 나는 배고파도 가난해도 좋아, 당신처럼만 안 늙으면, 컴퓨터를 몰라도 좋아, 무식해서 글을 읽을 수 없어도 좋아, 당신처럼만 안 늙으면 하고 돌아서 나온다.

밤이다. 돈이 필요해서 12시간을 견딘 내가 다시는 오고 싶지 않은 식당에서 간신히 풀려나는 중이다.

일터에서 ③

상무님의 독백

 다음 날 아침, 내게 온 첫 문자는 '흑산도 횟집, 홀, 오후 6시~저녁 11시'다. 흑산도 횟집이라면 흑산도에서 잡힌 수산물만 파는 걸까? 이런 생각을 하며 일하러 간다. 시장 안에 있는 횟집이지만 TV에도 소개된 전복라면이 유명한 맛집이다. 갑자기 즐거워진다. 놀러 온 기분이 된다. 메뉴판을 본다.

특 스페셜 1인 4만원

대(4인) 9만원

중(3인) 7만5천원

소(2인) 6만원

 흑산도 횟집에는 검고 긴 생머리의 아가씨가 서빙을 하고 있다. 너무나 어려서 조카를 떠올리게 할 정도로 뺨이 살짝 통통한 아이. 그 나이에 맞게 순진한 얼굴로, 친절한 몸짓으로 나에게 1번부터 14번까지 테이블 번호부터 외우게 한다.

다음은 세팅. 간장, 초고추장을 한꺼번에 쓰는 오뚜기 모양의 그릇과 다진 마늘과 고추를 얹은 된장을 낼 때 통깨와 참기름을 뿌리고, 사각 접시 위에는 오이와 고추와 마늘종을 가지런히 놓고 미역국을 뜰 국자와 앞접시를 준비하면 끝이다. 가게 안은 벌써 예약받은 손님 숫자대로 세팅이 끝나 있다.

주로 역 근처 은행원들이 단골로 드나드는지 들어오는 손님마다 다른 손님들과 아는 척을 한다.

"어, 약속 있다더니 여기 와 있어? 하하."

음식을 나르던 난 고개를 갸우뚱한다. 온종일 같이 일하던 사람들이 일 끝나고 술 마시러 간 곳에서조차 또 만난다면 좀 지루하지 않을까? 만약 상사라도 있으면 회사 이야기를 꺼내기도 불편할 텐데….

듣고 싶지 않아도 들리는 샐러리맨들의 대화.

"그 친구는 매번 1등을 하더라구. 난 늘 5등을 하고…."

조금 전에 맥주를 갖다 줄 때 들었던 말을 소라 안주를 내가 내면서 이어서 듣고야 만다. 저렇게 큰 덩치의 아저씨가 아직도 학교 다닐 때 등수를 화제로 하다니 살짝 웃음이 난다.

"상무님께서 원하신다면 말씀드리겠습니다. 아무리 말씀드려도 반영되지 않을 거라면 그냥 묻지 마시고 명령만 하십시오. 고칠 것도 아니면서 물으시면 저희는 속으로 들어주지도 않을 거면서 왜 묻는 건지 이해가 가지 않습니다."

이렇게 당당하게 자신의 마음을 피력하는 사람 누굴까 하며 얼굴을 보았다. 20대 후반의 젊은 친구다.

"음, 어떤 경우에 내가 그랬다는 거지?"

"다입니다."

매우 흥미로운 대목에서 마침 저 멀리서 나를 부르는 손님.

"여기 매운탕이요."

얼마나 지났을까. 『어린 왕자』에 등장하는 술고래는 술 마시는 것이 창피해서 술을 마신다고 한 것처럼, 과연 술자리의 샐러리맨들 또한 2시간 가까이 지났어도 화제는 변함이 없다.

"그럼 내가 어떻게 했으면 좋겠니? 난 진짜 몰라서 그래."

"그러니까 상무님께서는 저희 이야기를 들어 달라는 겁니다."

"예를 들면?"

"전부 다요."

"그럼 내가 오늘 술을 마시자고 했다고 해 봐? 어디로 갈까? 물으면 너희들은 이렇게 생각한다는 거야? '어차피 회 먹으러 갈 거면서 왜 물어 봐.' 이렇게 생각한다는 거지? 이 상황은 동등한 상황이야. 하지만 회사는 달라. 잘못 판단하면 책임을 져야 해. 내가 하고 싶은 말은 이 나이에 내 위치는 목구멍이 포도청이라고 회사가 잘못되면 길거리로 나가야 해. 그래서 목숨을 거는 거야. 그러니까 목숨 거는 나와 함께 너희들도 목숨을 걸었으면 좋겠어. 하지만 너희들은 나와 달라. 왜 저렇게 목숨을 걸지? 난 그러고 싶지 않은데 하면서 투덜거리지. 나의 솔직한 입장을 말해줄까? 주말인 내일 상사가 마라톤을 함께 뛰자면 뛰어야 하고, 산을 오르자면 올라야 해…"

상무라는 사람의 독백은 사람 마음을 울컥하게 만든다. 젊은 샐러리맨보다 그의 연배가 나와 비슷하기 때문일 것이다. 살림을 책임져야 할 가장이 일터를 잃으면 마주치게 될 상황이 눈앞에 보이는 듯하다. 그의 독백이 이어진다.

"외국 친구가 나한테 그러더라. 당신 나라는 이상하다. 직원이 6명이 있다면 그중에서 진짜 일할 사람은 3명밖에 없다고. 그런데 당신은 6명 다 끌고 갈 것처럼 한다고. 어차피 인사이동 때 6명 중 3명을 추천할 건데, 그냥 일은 3명한테 시켜, 나머지는 놀면서 좋아할걸. 자본주의는 그런 거야. 나 그날 밤새워 싸웠어."

밤새 논쟁을 벌였다는 상무의 말은 진실이리라. 왜냐하면 외국 친구의 말은 사실이니까.

숨기고 싶지만 결국은 마지막에 남는 자, 승진해서 마지막까지 회사에 남은 사람이 자신일 경우 그동안 많은 동료가 사라졌을 테니까. 맞는 말을 하니까 화가 난 것이리라. 무한 경쟁의 시대에 살아남은 자신이 어쩐지 부끄러워졌을 테니까. 나머지 3명이 도태하면 그 자리에는 또 다른 3명이 곧 충원될 테니까. 과잉 충성을 무한궤도로 올려놓을 테니까. 그렇다면 6명 다 끌고 가려는 상무는 낭만주의자든지 스스로 속이며 도태할 나머지 3명의 눈도 멀게 하면서까지 무한 경쟁을 하려고 한 걸까. 아니면 그런 생각조차 못 하고 회사나 가정을 위해 달리기만 했던 건가.

생각에 빠져서 11번 테이블에서 부르는 소리도 듣지 못 한다. 그런 나를 주방에서 "아줌마" 하고 부른다. 딴청부리는 걸 들킨 것처럼 얼굴이 붉어진다.

업무태만 아줌마의 서빙은 11시까지 계속된다. 상무와 젊은 샐러리맨의 토론은 내가 퇴근할 때까지 끝나지 않고 천년만년 계속될 것만 같다. 똑같은 화제를 질리지도 않고 앉은 자리에서 서너 시간 할 수 있다니 술고래들이란 참!

작은
중식당

 우리 동네, 그러니까 내가 10년 동안 살던 곳에서 이사한 후 오랫동안 정을 붙이지 못한 동네를 '우리 동네'라고 부르기 시작한 순간이 있다. 그러니까 이사한 지 4개월 하고도 21일 되는 바로 그날이다.

 출퇴근 길 지나다니는 골목에는 내가 이사하던 때와 비슷한 시기에 오픈한 작은 중식당이 있다. 간판은 흰색 바탕에 큼지막한 검은색으로 '작은 중식당'이라고 적혀 있다. 언제고 한번 가야지 하고 벼르기만 하다가 차일피일 미루며 가게 안만 기웃거리고 있었는데 비 내리는 어느 저녁 퇴근길, 마침 가게 문을 열고 들어갈 마음이 생겼다.

 4인용 탁자가 둘, 2인용 탁자 하나가 전부인 가게에는 이미 젊은 부부가 주문한 요리를 기다리고 있다. 창밖의 치킨 가게 전광판과 지나가는 자동차의 전조등이 비에 젖은 아스팔트에 반사되자 빛의 유희가 아름답다. 게다가 가게 유리는 실내 온도로 김이 서려 있어서 퍽 아늑한 기분이 든다.

문을 밀고 들어설 때 한눈에 들어온 메뉴를 주문하자 깔끔한 주방 안에서는 튀김 요리할 때의 정겨운 소리가 들린다. 그릇 부딪치는 소리, 분주히 움직이는 발소리는 비 내리는 밤의 풍경과는 대조적으로 따뜻하다.

나는 살짝 지쳐 있었다. 막내조카의 중학교 졸업식이 얼마 전에 있었다. 이제 그 아이를 칭할 때 3인칭을 써도 될 만큼 그는 훌쩍 자라 있었고, 졸업 후 가족과의 점심식사가 끝나자 친구들과 약속이 있다며 뒤도 돌아보지 않고 달려나가는 것이었다. 아이들을 중심으로 돌아가던 시간의 톱니바퀴들이 불규칙적으로 돌다가 마침내 스프링처럼 튕겨 나간 기분이라고 할까. 오즈 야스지로의 〈동경이야기〉처럼 결혼한 자식들 곁에서 배경화면처럼 앉아 있던 노부부의 심정이라고 할까. 나는 언제나 나였다고 생각했는데 내가 아닌 고모로 나이가 들어버린 것이다.

그리고 또 나는 동생에게도 살짝 지쳐 있었다. 2년 만에 퇴원한 동생은 애완견 뽀삐 1세가 교통사고로 죽은 소식이며 싱

글 맘이 된 딸의 출산 소식에 놀라 퇴원 당일 술을 마시고 난동을 부렸다. 동생에게 자신의 아이들을 돌봐줘서 고맙다는 말을 기대하진 않았다. 문제는 이러저러한 사실을 다 알면서도 뿌리 깊이 생기는 슬픔의 정체다. 아직도 그날의 절규가 귀에 들리는 듯하다.

"내가 정신병이야? 거긴 말짱한 사람도 들어가면 정신이 돌아버려. 정신병은 낫지 않는단 말이야."

동생은 따졌다. 처음엔 자신이 치료를 받겠다고 했지만, 치료가 다 끝나기도 전에 동생은 병원을 나와서 또 술을 마셨다.

강제 입원을 고민하며 상담을 하던 복지사는 이렇게 말했다.

"인권이요? 그쪽만 인권이 있나요? 불안을 느끼고 위협을 느끼는 사람에게도 인권은 있어요."

결정할 순간이 왔을 때 동생에게 맞아 죽을 각오가 되어 있었는지도 모른다. 2년 동안 내 마음도 그리 편하지만은 않았다. 동생을 병원에 강제 입원시키고 편안하게 있을 누이가 세상에 어디 있을까.

바로 집이 저기인데 걸어가도 꿈속처럼 닿지 않을 것 같은 날. 걸어도 걸어도 골목이 자꾸만 바뀌어서 꿈이 깰 때까지 집으로 돌아가지 못할 것 같은 그런 날, 환하게 불 켜진 '작은 중식당' 안으로 미끄러지듯이 들어가 앉는다.

　수첩에 메모를 끼적이는 동안 주문했던 요리가 돛단배같이 흰 접시에 담겨있다. 검은색 젓가락은 집에서 사용하는 것보다 길다. 그 긴 젓가락으로 깐풍기 하나를 집어 입으로 가져간다. 코끝에 느껴지는 새콤한 향기, 달콤한 간장에 섞인 마늘 맛이 감긴다.

　아아. 어째서 나는 이렇게 맛있는 요리를 앞에 두고 엄마며 동생이며 조카들 얼굴을 떠올리고 마는 것일까. 어째서 나는 한시도 그들의 얼굴을 집에 두고 오지 못하는 것일까. 이렇게 맛있는데, 이렇게 예쁘게 차린 상인데 어째서 나는 이 음식 앞에서 코끝이 찡해져야만 하는 것일까.

　그러나 오늘부터는 너무 아름다운 풍경 앞에서, 너무 맛있는 요리를 마주할 때 어째서 사랑하는 사람들이 곁에 없다는 걸 기어이 기억해내서 안타까워해야 하는지 묻지 않겠다. 그것은 아주 자연스러운 일이니까.

보석 같은 말들

'오늘은 아들과 먼 곳까지 자전거를 탔다.'
'오늘은 조카와 먼 곳까지 자전거를 탔다.'
단지 고유명사 하나 바꾼 것뿐인데 울림이 전혀 다르다.
막내조카의 일기는 이렇게 시작했다.

오늘은 고모가 오는 날이다. 나는 고모가 또 공부를 시킬까 봐 두려웠다. 그래서 나는 공부를 하고 기다렸다. 하지만 고모는 달랐다. 공부를 안 하고 같이 놀기 시작했다. 삼겹살을 먹고 오양맛살을 먹었다. 그리고 자전거를 타고 홈플러스에 가서 아이스크림과 음료수를 먹고, 자전거 전용도로에 갔다. 신나게 자전거를 탔는데 그곳은 청계천이었다. 그리고 강에 가보니까 청둥오리가 있었다. 멋있었다. 집으로 돌아와서 목욕을 하고 컴퓨터를 했다. 오늘은 즐거운 하루였다.

우리는 자전거를 타고 청량리에서 제기동을 지나 청계천이 흐르는 곳까지 달렸다. 강가에 나란히 앉아서 청둥오리를 바라보았다.

"민아, 네가 보기에 고모 행복해 보이지 않니? 일도 하고, 돈도 벌고, 맛있는 것도 사 와서 할머니께 드리고 너희들이 필요한 것도 사고 말이야."

아이의 눈이 처음으로 나의 눈과 마주친다. 눈을 마주 보고 이야기하지 못하는 고모와 눈을 마주치기 어려워하는 조카가 한순간 서로의 눈을 바라보고 있다. 아이는 진심 어린 눈길로 '예'라고 대답한다. 자리를 털고 일어나며 아이는 기지개를 켠다.

"고모, 오늘은 즐거운 어린이날이었어요. 아, 매일 어린이날이었으면 좋겠다."

아이가 진심으로 기뻐하는 모습을 보며 마치 보석 같은 말을 들은 기분이었다.

오늘 나는 듣고 싶은 말을 아이에게서 들었다. 이 말을 듣기 위해 한 시간 동안 사전거를 달려 청계천까지 왔는지도 놀랐다. 집으로 돌아와서 땀투성이인 아이의 등을 비누칠해 주며 즐거웠다.

"고모, 씻겨주세요."

"고모, 업어주세요."

"고모, 아이스크림 사주세요."

이렇게 솔직하게 자신의 의사를 표현할 수 있는 관계를 만들기까지 꽤 오랜 시간이 필요했다.

샴푸 후 아이는 다시 "아, 매일 어린이날이었으면 좋겠어요." 한다. 그래서 나는 "그럼 한 달에 한 번 이렇게 즐거운 날을 만들면 되지."라고 했다.

아이는 샤워기의 물줄기에 대고 박수를 친다. 물방울이 내 안경과 얼굴로 춤을 추듯 튄다.

빨갛게 상기된 얼굴로 아, 매일 어린이날이었으면 좋겠다고 하던 아이의 얼굴과 목소리가 생생하다. 마치 애니메이션에 나오는 아이처럼 높고 맑은 목소리 말이다.

아이는 중간고사에서 반 1등, 전교 2등을 해왔다. 할머니 곁에서 매일 2장씩 푸는 문제집이 전부였는데…. 오직 자신의 힘만으로 좋은 결과를 이루어냈으니 기특한 일이다.

친구 생긴 기쁨, 자랑하고 싶은 마음

 막내조카 민이는 초등학교 3학년 때까지 생일에 초대할 친구가 없었다. ADHD라서 친구가 없나, 엄마가 없어서 친구를 만들지 못하나, 학교에서 적응을 잘못하나 이런저런 생각에 마음이 몹시 아팠다. 그런 아이가 오늘은 친구 욱이가 자신에게 보낸 이런 문자를 내게 보냈다

> **조카** '나찰께 너두잘자구 니할머니두 잘주무시구 너의 이모두 잘 주무시구 개두.' - 욱이 문자 ㅋㅋ
> **나** 읍 하하 뽀삐에게도 굿나잇 인사를 하다니 욱이 멋진데~
> **조카** ㄹㄹ 네

 막내조카는 얼마 전에 식탁에서 이런 말을 했다.

"민영이가 자꾸 때려서 욱이가 학교 다니기 싫대요."

민영이는 내가 몇 년 전 복지관 봉사자로 일본어 강의를 했을 때 조카와 같은 반이었다.

"너도 때리니?"

"예. 우리를 부하로 아나 봐요."

나는 마음을 진정시키고 다시 물었다.

"내가 수업 끝나면 학교에 데리러 갈까?"

직장인인 탓에 사실 실천하기는 어렵지만, 그래도 필요하다면 해야 한다. 할머니도 계시니까.

"아니요. 무시하면 돼요."

"그럼 민영이 이야기를 매주 들려줄래?"

"예."

나는 담임선생님께 전화를 드려야 하나 고민했지만, 이런 일은 사내아이들 사이에서는 늘 있는 일이라서 지켜보기로 했다. 일이 커지면 입이 가벼운 고모가 되어서 더는 속 이야기를 하지 않을지도 모르니까.

그렇게 한 주가 갔다.

"그래, 민영이가 요즘도 때리니?"

"아니요. 이제 때리지 못해요. 학교에 엄마가 왔어요."

"왜?"

"다른 반 아이를 때려서 그 아이 엄마가 학교에 왔거든요. 이제 선생님께 말하면 돼요."

그런 에피소드가 있었던 탓인지 오늘은 학교 숙제로 낼 '동영상'을 만들기 위해 친구 집에 간 민이를 데리러 갔다. 같은 조에 욱이도 있고 민영이도 있기 때문이다. 게다가 요즘은 7시만 되어도 깜깜하다. 민이는 '길치'라서 밤에 혼자 다니면 곧잘 길을 잃는다. 여러 해 동안 자신이 다니는 교회도 혼자서 못 갈 정도다.

오랜만에 만난 민영이가 인사를 한다. 여드름도 생기고 키도 또래 중에서 제일 크다.

"밤이 늦었다. 고모가 욱이 먼저 집에 데려다주고 민영이도 데려다줄게."

욱이가 수줍게 웃는다. 민영이는 고개를 저으며, "아니에요. 혼자서도 갈 수 있어요."

아파트 골목 앞에서 민영이와 헤어진 후 욱이 어깨에 팔을 감고 묻는다.

"니 고모가 신줄한 빵을 구나노 안 주고 혼자 다 먹었다며?"

욱이는 웃기만 한다.

"민영이가 때리면 말해. 고모가 학교에 데리러 갈 테니까."

욱이는 웃기만 한다.

마침 음식물 쓰레기를 버리러 나오신 욱이 어머니와 마주친다.

"지난번 빵은 감사했어요."

"저도 저희 아이가 욱이랑 친하게 지내서 기뻐요. 사춘기에는 친구가 필요하거든요."

"신경을 많이 쓰신다고 들었어요."

"그럼요. 저의 작품 1번인걸요."

웃으며 조카에게 '뽀뽀' 하고 볼을 내민다.

조카는 강아지처럼 쪼르르 다가와서 볼에 뽀뽀하는 시늉만 한다. 장난기가 발동한 나는 욱이에게도 '뽀뽀' 하고 볼을 내밀었더니 우물쭈물하다 역시 시늉만 한다. 그래도 내 마음은 기쁘다. 아이들과 교감하고 있는 느낌이 충만했으므로.

웃고 있던 욱이 어머니에게 "중학생이 되면 뽀뽀도 안 해주겠지요?" 하고 반쯤 진심이 담긴 아쉬움을 말하자 고개를 끄덕인다. 어두운 밤길, 조카의 어깨에 팔을 감고 걸어오는 동안 감사하는 마음과 기쁨이 동시에 차올랐다.

늘 나를 소개할 때 따라붙는 '고모예요.'라는 말 속에 '엄마가 아니라서 미안해.' 하는 마음이 없지 않았다. 학교에서도 아이들에게도, 학부모들께도 '고모예요.' 하고 소개를 할 때면 조카는 내 뒤에 숨어서 수줍어했으니까. 나에게도 용기가 필요했다. 고모가 엄마인 친구도 있다는 것을 이해시켜야 했으니까. 그렇지만 그것은 기우였다. 아이들은 아이들 나름대로 이해하는 법이니까.

"엄마가 없어서 고모가 엄마야."라고 말하면 고개를 끄덕이는 아이들. 물론 조카의 말을 듣고 조금 복잡한 기분이 들기도 했지만 말이다.

"그런 아이들 많아요. 어떤 애는 아빠랑만 살고, 그냥 할머니만 있는 아이들도 있어요."

생일파티를 해준다고 해도 초대할 친구가 없다고 해서 무척 마음 아프게 했던 조카에게 하나둘 친구가 생기고 있다. 이제 곧 사춘기에 접어들 것이다. 할머니보다 아빠보다 누나보다 고모보다 더 좋아하는 친구가 생길 것이다. 키가 자라고 불끈불끈 힘도 넘치고 이런저런 생각에 혼란스러워질 것이다. 그때 자신의 눈높이로 바라봐 주고, 함께 고민하고 들어줄 친구를 갖는 건 소중한 일이다. 조카가 보낸 문자를 다시 한번 읽는다.

나찰께 너두 잘자구 니 할머니두 잘 주무시구 너의 이모두 잘 주무시구 개두 친구가 생긴 기쁨, 누군가에게 자랑하고 싶은 마음이 그대로 전해지는 문자를 보관함에 넣어 두어야겠다.

주의산만증
증후군

요즘 고모는 『부모가 알아야 할 주의산만증 아이 다루기』(가버 마테 저, 김은혜, 김진학 공역, 움직이는서재, 2015)를 읽고 있는데 흥미롭구나.

주의산만증은 가족력이래. 이 글을 읽고 나니까 지금까지 의문스러웠던 점이 많이 이해가 되었어. '집중력 부족은 공부하는 학생에게는 약점이 될 수도 있지만, 여러 가지 일을 한꺼번에 해내는 능력이 되기도 한다.'라는 글을 읽고 힘이 났지. 고모는 직장을 다니면서 매년 번역서를 내고 있고 게다가 쉬는 날이면 목욕 봉사도 다니면서 보통사람 이상으로 능력을 보이기도 하니까 말이야.

그리고 이 틈틈이 다른 책을 읽는 게 바로 일어났어! 바로 이런 기분이래.

나도 내 마음 상태가 두려워서 혼자 있는 것을 피해왔다. 슈퍼마켓이나 은

행에서 혼자 1분이라도 기다리며 줄을 서야 하는 상황이 싫어서 주머니에 항상 책을 가지고 다녔다.

할머니 이야기도 있어.
자기 마음이나 방, 책상이나 자동차 등이 늘 지저분하고 산만한 것들이 주의산만증과 연관이 있었음을 알게 된다.

또 아빠 이야기도 있어.
일 중독과는 성격이 좀 다른 중독적인 성향, 갑자기 성질을 부리거나 비합리적인 행동을 하는 것, 결혼생활의 갈등, 내 기분에 따라 다르게 행동하는 것도 주의산만증과 관련이 있었다.

여기 네 이야기도 나오네. '지시를 기억하지 못하고 따르기 어려웠던 것'도 주의산만증의 특징이래.

누나 이야기도 있어.
물건들을 떨어뜨리고 발에 잘 걸려 넘어지고, 쌓여 있는 물건들을 부주의하게 건드려서 무너뜨리기도 한다.

이런 이야기도 있지. 할머니랑 네 이야기야.

3차원적인 개념을 잡거나 물건들의 공간적 관계를 추측하는 재능이 없는데 길을 가는 중에 길을 못 찾을 때도 더러 있다.

고모 어린 시절이 떠오르는 글도 발견했어.

아, 그래서 나는 그런 단점들을 고치기 위해 잘 잊는 점은 메모하기로 보완하고, 중독적인 성향은 책 읽기로 바꾸고, 시간관념이 없던 것은 매 순간 알람을 해두면서 실수를 줄여나가려고 했던 거구나!

고모는 오늘 자신에 대해서, 너와 우리 가족에 대해서 많이 이해하게 되었어. 이제 병명과 원인을 알았으니 고쳐나가면 된다는 확신이 섰지. 고모는 '정서적 스트레스를 피하기 위해 분노를 폭발'시키는 것보다 바로바로 스트레스를 풀고 감정을 조절하려고 노력 중이야. 그러니까 너도 고모가 스트레스로 괴로워하면 도와주렴. 어떻게 하면 다시 행복한 기분이 들고, 소중한 마음이 생기는지 말이야.

네가 힘들 때는 내가 도와줄게. 우리는 최강팀이니까.

영혼의 시를 그린 화가, 뭉크

뭉크의 작품을 직접 보기 위해 서둘러 전철에 오른다. 동생이 병원에 입원해 있는 동안 그의 자식들을 돌봐야 하는 나는 투잡, 쓰리잡도 마다하지 않는다.

면세점 근무를 쉬는 날, 어렵게 얻은 통역 알바가 예상 시간보다 2시간 일찍 끝나자 벼르고 벼르던 뭉크의 그림을 보기 위해 명동역에서 전철을 탄다. '한가람미술관' 도착시각 5시. 표를 끊고 마침내 전시회 안으로 들어선다.

전시장 벽에 소개된 글이 먼저 눈에 들어온다. 무거운 가방을 바닥에 내려놓고 읽기 시작한다.

> 그는 기존의 회화적 관습을 거부함으로써 동시대 부르주아들과 보수적인 미술평론가들을 도발하였고, 19C 후반 유럽의 예술과 문학에서 일어난 모

더니즘의 발전에 이바지하였다. 무엇보다도 그의 예술은 강렬하고 역동적이며 연극적 요소를 지니고 있다. 이러한 관점은 전시 작품들을 통해 전반적으로 드러나며, 이 전시의 포문을 여는 뭉크의 회화 〈지옥에서의 자화상〉은 이를 보여주는 좋은 예시이다.

〈지옥에서의 자화상〉 앞에서 뭉크의 모습을 오랫동안 바라본다. 뭉크의 작업실을 위에서부터 조명한다. 등잔불을 받으며 붓을 든 뭉크. 그가 벌거벗고 있다는 사실은 훨씬 나중에서야 뇌로 인지한다. 방의 내부는 어둠으로 형체를 알아볼 수 없고 거울 앞에 나신으로 서 있는 뭉크와 캔버스만이 등잔불에 흔들리며 간신히 형체를 드러내고 있다. 끊임없이 모델이 필요했던 화가들. 가장 손쉽게 아무 때나 얻을 수 있는 모델이 바로 자신이 아닌가. 아무도 모르는 어둠을 가슴에 가졌거나 아무도 가늠할 수 없는 격정적인 열정으로 고독했던 자신들의 목마름을 표현하고자 화가들은 자주 거울 앞에 섰을 것이다.

다음은 상실, 불안, 에로스, 사랑과 고통, 욕망, 붉은 방 등 6개의 소주제로 나뉜 작품들이 눈길을 끈다. 뭉크는 누이의 죽음을 회상하며 그 기억을 삶과 에로스에 대한 보편적인 이미지로 전환 시킨다.

불안. 뭉크의 불안의 모티브는 굴곡진 풍경에 에워싸인 채

정면을 응시하는 인물들의 공통적인 요소를 보여준다. 이 얼굴들은 마치 뚜렷한 특색 없는 가면 같다. 그리고 작품 한 점이 즉각적으로 눈에 띈다. 불안한 대각선의 원근법과 풍경 속에서 소용돌이치는 선, 그리고 양손을 머리를 향해 들어 올린 채 입을 크게 벌리고 있는 희미한 윤곽의 인물, 바로 〈절규〉다. 〈절규〉와 함께 실린 뭉크의 글은 불안에 대한 한 개인을 넘어 집단적인 실존적 경험을 보여준다. 〈절규〉가 탄생하게 된 배경은 그의 산문시가 아주 잘 설명해 주고 있다.

> 두 친구와 함께 길을 걷고 있었다. 해가 지고 있었고, 불현듯 우울함이 엄습했다. 하늘이 갑자기 핏빛으로 물들었다. 나는 죽을 것 같은 피로감에 멈추어 서서 난간에 기대었다. 검푸른 협만에 마치 화염 같은 핏빛 구름이 걸려 있었다. 친구들은 계속 걸어갔고, 나는 혼자서 불안에 떨면서 자연을 관통하는 거대하고 끝없는 절규를 느꼈다.

아버지는 의사였고 정신병력을 가진 집안의 유전자를 받았던 뭉크 역시 정신병으로 고통을 받았다고 한다. 다섯 살 때 어머니를 폐결핵으로 잃고 한 살 위인 누이마저 폐결핵으로 잃은 뭉크는 평생 죽음에 대한 공포를 지니고 살았다고 한다. 누군가에게는 몹시 아름다웠을 법한 노을이지만 뭉크에게는 죽을 것 같은 발작 상태로 빠지게 한 저녁노을이다. 뭉크는 왜 '절규'를 들어야 했을까.

　내면의 소리에 귀 기울여 본다.
　어째서 이 시간에 〈절규〉 앞에 서 있는 걸까. 쉬는 날에도 아르바이트를 하고 다음 날에도 온종일 서 있어야 하는 고된 노동이 기다리고 있는데 왜 나는 집으로 향하지 않고 이곳에 서 있는 걸까. 이번 전시회가 뭉크의 〈절규〉를 보기 위해서라고 해도 과언이 아닐 정도로 이 작품은 많은 메시지를 전한다. 〈절규〉가 가지고 있는 힘. 내 안에 있지만 표현할 길 없는 아우성. 박봉에 시달리며 병든 동생과 조카들과 어머니를 부양해야 하면서 안으로 꾹꾹 삼키고 있는 감정의 덩어리가 〈절규〉를 통해 가공할 만큼의 힘으로 폭발하고 있는 것이다.
　결국은 나 이외에는 해결할 수 없고, 나 이외에는 기댈 곳이 없는 가족들, 모두 안아주고 보살펴야만 하는 가족 구성원 속에서 분열되는 자아를 누군가 알아주었으면 하는 마음, 위로받고 싶은 혼란스러운 감정을 〈절규〉를 통해 어느 정도 대리만족을 얻고자 했던 것은 아니었을까.
　분열된 자아를 통일된 주체로 만들려는 노력이 부질없음을 안다. 정신이 아프면 아픈 대로 마치 고혈압이나 당뇨처럼 평생 안고 가야 한다는 것을 말이다. 그런 의미에서 뭉크의 〈절규〉는 외면하고 싶은 내면의 '절규'이기도 하다.

〈태양〉을 소개한 글을 읽으며 '역시! 뭉크다.' 하고 감탄한다. 뭉크가 사람들의 불안, 우울, 고독, 슬픔만을 그렸다면 위대한 화가라 할 수 없다. 우리에게 중요한 것은 그럼에도 불구하고 살아내야 할 내일이 있으니까.

인간 내면의 어둠을 면밀하게 표현함과 동시에 인간의 구원이라는 문제를 동시에 다룬 도스토예프스키 문학이 현재까지 많은 독자의 사랑을 받는 것처럼 정신분열적인 현대인들이 뭉크의 〈절규〉를 통해 카타르시스를 얻으며 다시 살아갈 힘을 얻는 것이 아닐까. 그런 과정의 끝에 〈태양〉이라는 작품이 존재하는 것이다. 아이러니하게도 빛은 어둠 속에서 더 찬란한 법이니까.

나 또한 고단한 일상을 감히 힘들다고 말하지 못하고 감정의 덩어리를 꿀꺽 삼키고 마는 것은 지금 이 자리에서 나무가 쓰러지듯 한 번 넘어지면 다시는 일어서지 못할까 봐 안간힘을 쓰고 버티는 것이다. 하지만 언젠가는 동생의 병도 회복되고, 조카들도 성인이 될 것이라는 희망이 있기에 살아갈 수 있는 것이다. 오직 빛을 향해 걷는다고 할까. 그런 의미에서 뭉크가 찾은 '태양'은 나의 '태양'이기도 하다.

　불멸의 화가, 밤에도 깨어 있어야 하는 영혼. 〈달빛, 생클루의 밤〉 그림 속 그는 쓸쓸해 보인다.

　창턱에 기대어 창밖을 바라보고 있는 피사체와 함께 마룻바닥 위에는 창문틀이 긴 그림자를 드리우고 있다. 바둑무늬의 창문틀은 밤새 갇혀 있는 '아픈 자아'이며 자신이 아프다는 것조차 모르는 척 무심해 보인다. 〈베란다 계단에서〉의 신체가 굴절된 형태로 그려진 푸른 옷을 입은 여인의 가면 같은 무표정. 유난히 청색을 많이 쓴 그림을 보며 화가들이 청색을 많이 쓸 때의 심리 상태에 대해 궁금해하기도 한다.

　뭉크의 그림들을 두 시간에 걸쳐 둘러보고 나서 그림에 대한 감상을 음미할 여유도 없이 다시 이동하기에 바쁘다.

　내일 아침 1시간에 걸쳐 인천공항행 전철을 타고 바다를 건너야 하고 곧 있을 중간고사를 대비해 조카의 공부도 봐주어야 하며 일주일 동안 밀린 빨래도 해야 하고, 미루어 두었던 방통대 인터넷 강의도 들어야 한다.

　분주하게 집으로 돌아오는 동안 나는 밤새 아픈 늑대서럼 자신의 방을 거닐어야 하는 뭉크가 되고, 그림자조차 굴절된 여주인공이 되고, 노을이 지는 풍경 속에 석판화처럼 굳어버린 〈절규〉의 해골이 된다. 어쩌면 〈정원의 사과나무〉처럼 열매들로 가득 찰 때까지 실존적 고통은 필요불가결한 것이 아닐까 생각하며 가방을 쥔 손에 힘을 꼭 주어본다.

한밤의 댓글 ①

지나치게 사랑하지 말기

스텔라 님께.

저는 언젠가 도스토예프스키의 〈가난한 연인들〉과 같은 서간문을 쓸 작정입니다. 아니 일기라고 해도 좋아요. 긴 독백을 써야 할 이유가 한 백만 가지가 있습니다. 새벽 출근을 준비하면서 스텔라 님이 남긴 댓글을 확인했어요.

5시간 전에 남겼다고 하니 스텔라 님께서는 간밤에 깨어 계셨다는 게 되네요. 무엇이 당신을 잠 못 들게 했을까요. 댓글을 달기엔 너무 늦은 시간이었어요.

저도 요즘은 늘 꿈을 꿉니다. 비세로운 꿈을 꾸기에 깊은 잠을 자지는 못해요. 찬 바람이 불고 계절이 바뀌는 시기에는 언제나 이렇지요.

오늘은 온종일 막내조카와 저의 관계, 저와 이모의 관계, 엄마와 저의 관계에 대해 생각했어요. 그리고 얻은 결론은, 유레카!

엄격함과 너그러움의 차이. 저에 대한 엄마와 이모의 엄격함이, 막내조카에 대한 저의 엄격함과 닮아있다는 걸 알았죠.

기대가 큰 만큼 상대에게 엄격한 잣대를 들이댄다는 것 하나와 현재의 자신에 만족하지 못하기에 타인에게 너그럽지 못하다는 점을 발견하고는 마음이 조금은 편해졌어요. 그래서 내일은 막내조카를 만나면 실수에 대해 말하지 않기로 했어요.

그 아이는 제가 말하지 않아도 자신의 실수를 충분히 알고 있고, 제가 너그럽게 눈감아 주면, 두려워하지 않고 자아를 찾아갈 게 분명합니다. 현재 처한 저의 불확실한 직장 상황 때문에 아이에게 엄격하게 대하려 했다면 그건 분명 제 잘못이거든요.

이처럼 이성적인 결정을 내리기까지 한나절이 걸렸답니다. 아이를 내 분신이 아니라 하나의 인격으로 존중하기가 얼마나 어려운지 모르겠어요. 아이가 성인이 되어 가면서 나와 분리될 때 겪어야 할 감정의 소용돌이는 이미 큰조카를 통해서 한 번 겪었는데도 말이죠.

지나치게 사랑하지 말기. 미리 짐작해서 무언가를 해주기보다 그가 필요로 할 때 적절하게 응답할 수 있도록 귀 기울이기.

이런 생각을 하면서 퇴근을 했습니다.

저는 요즘 직장이 얼마나 사람을 울고 웃게 만드는가에 대해 밀도 깊게 체험하고 있답니다. 어쩌면 마라톤 경기에서 마지막 고비인지도 모르겠다는 생각. 완주하든지 포기하든지. 그러나 오직 걷다가 뛰다가를 반복하면서, 때로는 멈춰서 쉬다가 다시 뛰기를 반복하며 완주하는 길밖에 없다는 것을 제가 압니다.

스텔라 님의 댓글에 고무되어 긴 댓글을 남깁니다.

한밤의 댓글 ②

너도 2만 원을 보태렴

스텔라 님께.

일요일에는 방통대 중간고사가 있었습니다. 시험을 보고 막내조카와 만나기로 한 약속 장소로 향했지요. 막내조카는 다음 주 대만으로 수학여행을 가는데 4박 5일 동안 갈아입을 속옷을 사기 위해서였습니다. 저는 아이들과 쇼핑을 할 때는 언제나 예산을 알려줍니다. 오늘의 예산은 5만 원.

속옷 3장에 5천 원씩 총 1만5천 원. 흰 면티 3장에 만 원. 나머지 2만5천 원은 유니클로나 텐, 스파오에 들려서 새 옷을 살 예정이었어요. 그러나 우리는 6층 행사매장에서 고른 팬티 석 장을 사면서부터 예산을 초과하기 시작했습니다. 분명히 4천 원이라고 적힌 금액을 보고 골랐는데 계산대 직원은 4천 원은 삼각팬티이고 트렁크는 7천 원부터라는군요. 이런 걸 요즘 낚였다고 하지요? 속옷은 홈플러스가 싼데 그곳까지 두 사람의 왕복 교통비를 생각하고 그냥 계산을 값을 치르고 나왔습니다. 막내조카는 작년에 산 흰 면티가 아직 쓸만하다는군요. 저는 아이의 마음을 읽으려 노력했습니다. 필요 없다면 없는 것이지요. 1년이면 하얀색이 변색 되었을 거라 생각했지만, 갖고 싶은 옷이 있나 보다 했습니다.

지하 매장에 있는 수많은 브랜드를 지나는 동안 우리는 3만 5천 원이라고 쓴 맨투맨 티 앞에 멈췄습니다. 막내조카는 브랜드의 이름을 말하며 호감을 나타냈고, 만져보니 톡톡한 안감이 제법 보온성이 좋아서 늦가을에서 겨울까지 날 수 있을 것 같았죠. 이렇게 우리는 할인 매장을 기웃거리기도 하고 저가 브랜드에 들어가 거울 앞에서 체크 남방이며 스웨터 등을 몸에 대보기도 했습니다.

이윽고 결정할 시간이 되자 막내조카는 처음에 본 맨투맨 티를 팔던 매장으로 걸어갔습니다. 우리는 3만5천 원짜리―이번에는 분명히 확인까지 마쳤죠―맨투맨 티를 달라고 했더니 돌아오는 대답이 황당했습니다.

이 티는 여성용 사이즈만 있고 막내조카가 입을 만한 제품은 정상판매 매장 안에만 있다는 겁니다. 이번에도 낚인 것이지요. 할인 매장은 나빠요. 매번 속는 저도 나쁘고요.

안내받은 매장 안에서 맨투맨 티를 둘러보는 조카의 눈이 반짝입니다. 아이보리 색상 바탕에 가슴에 청색 영문이 박힌 티를 손에 듭니다. 가격은 6만9천 원. 천 원 빠지는 7만 원입니다. 가격을 확인한 순간 저는 막내조카가 티를 내려놓을 줄 알았는데 꼭 잡고만 있지 않겠어요? 저는 망설이다가 그럼 한번 입어나 보라고 했습니다. 쇼핑을 별로 좋아하지도 않고 옷을 사기 전에 입어 보는 일도 성가셔하던 아이가 얼른 옷을 들고 사라집니다. 짜잔.

농구를 해서 딱 벌어진 어깨를 한 청년이 서 있는 게 아니겠어요? 아이 피부에 아이보리 색상이 얼마나 잘 어울리는지 정말 예뻤습니다. 단지 가격이 문제였죠.

티를 벗고 나온 조카는 좀처럼 그 매장에서 움직일 생각이 없나 봅니다. 예산을 초과한, 그것도 두 배나 초과한 가격에 곤란해하는 고모의 얼굴이 보이지 않나 봅니다. 그렇죠. 그 나이에는 보여도 보지 않고 들려도 듣지 않기 쉽습니다. 그래서 좋은 책, 좋은 친구가 중요하다고 하지요. 한 가지밖에 안 보이기 때문이니까요.

평소의 저라면 아이에게 상황을 설명하고 이해시키며 아쉬움 없이 매장을 함께 나와서 다른 옷을 골랐겠지만, 그날의 저는 조금 달랐습니다.

"좋아, 결정을 하자. 예산에 두 배인 이 옷을 사고 싶으면 사. 하지만 너도 2만 원을 보태렴."

조카는 제 말을 듣는 둥 마는 둥 이미 자신의 옷인 것처럼 들고만 있습니다. 계산대에 선 제 머리 위로는 말풍선이 하나 가득 떠다녔고요. '어쩌지, 맨투맨 티 7만 원, 팬티 2만1천 원. 여행 경비로 바꿔온 대만 달러 2천 달러….' 더하기를 하는 것만으로도 머리가 복잡해졌지요. 저는 갑자기 말이 없어집니다. 그와 반대로 자신이 원하던 옷이 담긴 쇼핑백을 받은 조카는 매우 상쾌한 얼굴을 하고 있었지요. 마치 이미 여행지에서 거리를 걷고 있는 것처럼 기분 좋아 보였습니다.

한편으로는 큰조카의 얼굴이 떠올랐지요. 큰조카에게는 조금 더 인색한 고모였거든요. 예산을 웃도는 옷을 고르면 손을 잡고 다른 매장으로 향했는데 왜 막내조카에게는 관대한지에 대해서 분석해 봅니다.

같은 여자라서 인색하게 굴었던가. 아니면 이성인 막내조카보다 동성인 큰조카가 내 입장을 더 이해해주는 편이었던가. 큰조카보다 일찍 엄마와 떨어져 사란 막내조카에게 늘 마음이 무장해제 되어서일까.

돌아오는 길 내내 공평하지 못한 저의 처사에 대해 분석해

보았지만 결론을 낼 수 없을 정도로 수많은 이유가 나타났습니다.

큰조카에게는 경제 감각을 심어주고 싶었고, 막내조카에게는 동기부여라고 할까? 성취감을 자극하고 싶었던 것으로 해석하기로 했지요. 한편으로는 큰조카와 다음에 쇼핑할 기회가 생기면 이번에는 막내조카에게 해주었듯이 성취감을 자극해주어야겠다고 마음먹었죠.

저의 인생은 가족을 이해하는 데 다 썼다고 해도 과언이 아닙니다. 엄마와의 관계, 동생과의 관계, 조카들과의 관계, 이제 새로 시작하고 있는 조카손자와의 관계 등등. 이들을 이해하기 위해 살아가고 있다고 해도 좋습니다. 물론 제일 좋은 건, 그 사람의 있는 그대로를 사랑하는 것이겠지만, 어디 그게 말처럼 쉽게 되나요. 늘 미워했다가 사랑하고, 이별했다가 그리워하는 게 가족이지요.

저의 경우에는 불가사의하게도 제일 미운 사람이 가족이고 제일 애틋한 존재가 바로 가족입니다.

한밤의 댓글 ③

대만에서 남겨온 달러

스텔라 님께.

막내조카가 수학여행에서 돌아왔습니다. 늘 인천공항을 지켰던 제가 정작 막내조카가 출국하는 시기에는 시내 면세점 근무를 해서 가는 길을 배웅하지 못했지요. 귀국하는 날에는 공항으로 마중을 나가서 짐을 들어주고 싶었지만 야근이라서 문자만 보냈습니다.

어서 와 아들(조카를 아들이라 부른다). 서울 추워졌지? 내일부터 옷 따뜻하게 입고 다녀. 기내식은 맛있었니? 피곤하더라도 친구들에게 짓궂히듯 아빠의 물음에 성실하게 답해야 한다. 아빠는 나흘 동안 제대로 된 말동무가 없었으니까. 할머니께 잘 다녀왔다고 문자 드리는 것도 우리 아들의 센

스. 여독이 풀리면 우린 다음 주에 만나.

저는 구식이라 늘 문자가 길어져서 한 번에 끝나지 않습니다. 그에 비해 막내조카의 문자는 절제의 미, 그 자체지요.

네ㅋㅋ. 기내식 먹을 만했음.

다음 날은 이런 문자가 왔습니다.

대만 돈지갑 할머니한테 맡겼음. 1550달러.

오잉? 내가 널 어떻게 키웠는데 그것밖에 안 썼어? 자신에게 백 달러 이상 쓰라 했잖아. 대만기념품이 비싸디? 삼사백 달러면 살 수 있을 줄 알았는데.

ㄴㄴ(니은니은은 노노입니다. 아니라는 뜻이죠.) 버스기사 아저씨가 저 버스에서 청소 잘하고 쓰레기 잘 줍는다고 101타워 기념품 사주심. 기념품 다 사고 남은 돈임. 먹을 것도 사 먹고.

버스에서의 너의 에티켓이 그 버스 주인에게 인정받을 정도면 고모는 정말 감사한다. 바르게 커 줘서 고마워 아들….

그냥 주위 쓰레기 주워서 봉지에 담았는데 마지막 공항 갈 때 제가 선물을 받아서 당황.

고마우셨나보구나. 멋진 운전 기사님을 만났네. 그러고 보면 늘 누군가 나를 보고 있단다. 그치? 하물며 혼자 있을 때도 신이 함께하지. 집 가서 오래간만에 '라이프 오브 파이' OST 듣고 싶어지는데.

네 ㅋㅋ 오늘 두산 한국시리즈 우승했음. 두산베어스 우승 기념 굿즈 나오면 하나만 사주세요.ㅋㅋ

떠나기 전 저는 막내조카에게 매일 자신을 위해 대만 달러로 백 달러를 쓰고 나머지는 그동안 고마웠던 분들 선물을 사라고 구체적으로 알려주었어요. 왜냐하면 큰조카가 고등학교를 졸업하고 바로 취업을 한다고 했을 때, 부모에게 받아야 할 다양한 기회가 열아홉의 나이에 단절되는가 싶어서 안타까워서 오키나 여행을 보냈을 때의 경험 때문입니다. 그때 큰조카는 여행에서 쓰라고 준 엔화 대부분을 아까워서 못 쓰고 남겨왔거든요.

아이들도 살아보면 알게 되겠지만, 자신이 일해서 번 돈으로 해외여행을 가기란 생각보다 쉽지 않아요. 여행에서 많이 보고, 많이 느끼려면 교통비며 그 나라의 문화공연에 돈을 아끼지 말아야 하지요. 물론 음식만큼 강한 인상을 주는 경험도 없습니다. 그 나라의 향신료며 독특한 요리방식은 날씨와 토양, 역사를 느낄 수 있으니까요.

검색해 보니 대만에서는 망고 아이스크림이 유명한데 50달러 정도면 먹을 수 있겠다 싶었죠. 야시장에서는 정말 다양한 음식도 있다고 했는데 여행 동안 대체 아이는 무엇을 먹어 봤을지 궁금할 정도로 조금밖에 쓰지 않고 온 것입니다. 저라면 대만의 라면도 한 그릇 먹었을 텐데 말이죠.

막내조카는 한국에도 다 있어서 살 게 없다며 남겨온 1550달러를 할머니께 맡기고 갔다고 합니다. 저는 평소에 너무 죽는소리를 했구나 싶어 미안하기도 했고, 돈을 아낄 줄 알아서 기특하기도 했는데 반전이 기다리고 있었답니다. 두산베어스 우승했으니 우승 기념품을 사달라는 것이었습니다.

하하하. 막내조카는 절 너무나 잘 알고 있는 듯합니다. 밀당이라고 할까요? 어쨌든 자신이 원하는 것을 손에 넣는 방식을 체득했으니 앞으로 밥은 굶지 않게 살겠다 싶었죠.

여행지에서 자신들이 타고 있던 버스 안의 쓰레기를 치운 에피소드를 가지고 와서 고모가 기뻐할 것을 알고 있었을지는 모르겠으나 좋은 방향으로 흘러가는 듯해서 마음이 갑자기 느긋해지는 게 아니겠어요?

얼마 전 글로벌 그룹사 입사면접은 미역국을 먹었지만, 이렇게 아침에 일어나서 일할 곳이 있다면, 그것이 계약직이라도, 아르바이트라도 괜찮다. 다 괜찮다. 아이들만 잘 자라주면 어떻게든 버틸 수 있겠다 싶었지요.

결국은 모든 것은 마음에 있는 것 같습니다.

불안과 초조함에서 느긋함과 희망으로 가는 길은 아이와의 짧은 대화에서도 얻을 수 있으니 기쁘지 아니한가 싶어요.

가슴은 종이, 감정은 연필

1.

방에서 만화책을 보며 낄낄대는 너에게 포도 한 송이 씻어서 접시에 담아 가져다주는 그런 엄마가 되고 싶었어. 장을 보고 돌아오는 길에 아이스크림을 먹으면서 네가 학교에서 있었던 일을 들려주면 신나게 맞장구치는 그런 엄마가 되고 싶었어. 저녁에 부엌문을 열고 길고양이에게 남은 밥을 나누어주면서 네가 무엇이 먹고 싶은지 알고 싶은 엄마.

잠자리에서 각자 책을 읽다가 네가 잠들면 일어나 불을 꺼주고 나오는 그런 엄마가 되고 싶었어.

2.

엄마가 돌아가시고 나는 글을 쓰기 시작했다. 정확히 말하면 엄마의 일기장을 베끼는 일이었다. 엄마는 나에게 유산 대신 일기장을 남겼고, 유언장 비슷한 편지에는 자신의 일기를 읽어 주길 바라는 마음이 담겨 있었다. 솔직히 엄마의 일기장을 끝까지 읽을 자신이 없었다. 지루했고, 아픈 상처와 만나는 일이 싫었다. 지금의 나로 충분하다고 생각했다.

3.
에릭 사티의 〈짐노페티〉 반복 듣기는 마치 주술처럼 글쓰기의 욕구를 부추긴다.
"나는 너희들이 각자 사랑하는 사람이 생겨서 행복할 때, 가장 행복할 때 이 아이가 생각났으면 좋겠어. 이 아이가 생각나서 그만 웃음을 멈추었으면 좋겠어."
피아노 건반을 대체 어떻게 누르면 무념무상인 순간, 불시에 과거로 돌아갈 수 있게 하는지 모르겠다.

4.
1번과 2번과 3번 문장이 불시에 찾아와서 당황했다. 손자는 방에서 (뽀로로) 를 보면서 있고 있고, 나는 지금 에릭 사티의 음악을 듣고 있다. 오직 그 두 가지 상황만 주어졌는데 이야기가 만들어지는 것을 보면 아무래도 글쓰기가 신체 일부가 된 것 같다.

가슴은 종이, 감정은 연필.

2장.

세상의 모든
'어린 이'를 위하여

어두운 곳에서 누군가의 관심과 사랑을 간절히 바라는 어린이는 수없이 많다. 학습지 선생을 하면서 반지하에서나 임대아파트에서 늦게까지 잔업을 하는 부모를 기다리며 쓸쓸한 밥상에 앉아 무심히 티브이를 보던 어린이를 수없이 보았다. 부모가 있다고 해도 어른의 책임을 다하느라 정작 아이들의 성장을 곁에서 지켜주지 못한다. 나는 시간이 많은 어른이 되고 싶다.

엄마에게
차렷, 경례

설문지에 이런 질문이 있다면 어떻게 답을 할까?

엄마를 짐으로 여긴 적이 있나.

- 있다.

그런데도 엄마를 잃으면 두려울 것 같다고 여긴 적이 있나.

- 있다.

엄마에게 진 빚을 영원히 갚지 못할 거라고 여긴 적이 있나.

- 있다.

금요일 새벽이었다. 깜박깜박 잠이 들고 있었다. 신농 소리에 잠이 깼다. 밤에 오는 전화는? 그렇다. 받기 전 심호흡이 필요하다. 분명 잠을 쫓는 그런 뉴스일 테니까.

엄마는 아프다고 했다. 나는 벌떡 일어나 옷을 갈아입었다. 순식간에 언덕을 내려가 대로변에서 택시를 잡아탔다. 1시에 전화를 받고 1시 20분 엄마의 집에 도착.

'당신은 모르시겠지만, 택시에 앉아서 달리던 10분이 얼마나 길었는지.'

문은 열려 있었다. 엄마는 아기처럼 둥글게 몸을 말고 누워 계셨다. 저녁에 드신 음식이 급체한 것이다. 혼자서 드신 음식이, 저혈당이 올까 봐 억지로 드신 저녁이 당신의 온몸을 마비시키고 있었다. 보리차를 끓였다. 손을 땄다. 휴지통에 얼굴을 대고 엄마는 토했고 나는 엄마의 등과 팔다리를 마사지해드렸다.

빠른 판단이 필요하다.

응급실에 갈 상황인지 아닌지. 오랜 경험상 급체는 응급실에 간다 해도 누워서 체증이 가실 때까지 기다리는 수밖에 없다는 걸 당황한 나머지 잊고 있었다. 보리차를 드시며 아까보다 좀 나아지셨다고 하지만, 엄마의 얼굴은 형광등 불빛 아래 희고 푸석푸석한 듯 보였다. 그렇게 말씀드렸는데 음식을 버리기 아까워서 또 억지로 다 드시고 이렇게 탈이 난 것이다.

'내 눈꼬리가 올라갔었나? 마사지하던 손끝이 부드럽지 않았었나?'

엄마는 그런 내 마음을 아시고는 변명을 했다.

"내가 웬만하면 안 불렀지. 그런데 이렇게 죽는구나 싶었어."

이럴 때 나의 이성은 다른 어머니에게라면 예의 반듯한 인사를 했을 거다.

"아니야 엄마, 날 제일 먼저 불렀어야지. 이러다 큰일 나면 어쩌려구."

그러나 나의 감성은 수십 년 동안 당신을 지켜본 딸로서 명령과 책망의 언어가 머리 위 말풍선 안에서 둥둥 떠다니고 있었다.

'그러게 억지로 남은 음식 먹지 말랬지. 귀찮다고 틀니를 끼지 않고 꿀꺽꿀꺽 삼키니까 그렇지.'

이럴 땐 침묵하는 게 딸과 엄마의 최선이다.

최선을 다해 엄마의 어깨를, 다리를 주물러주며 혈액순환을 도울 수밖에. 엄마의 발은 나무토막처럼 무겁고 대리석처럼 차고 희다. 발바닥은 가뭄으로 갈라진 논바닥 같았다. 나는 엄마의 발을 주무르고 또 주무르다가 가슴이 시커먼 석탄 더미에 쌓여 허우적대는 기분이었다. 그러다가 벌떡 일어나 이불 하나를 또 한 장 덮어 드렸다. 오한으로 덜덜 떠는 엄마를 위해 수건 한 장을 흠뻑 적셔 비닐봉투에 담아 전자레인지에

3분 돌리고 다시 무릎담요에 싸서 가슴에 안겨 드렸다. 이제 아침이 올 때까지 기다리는 수밖에.

"엄마, 아침이 오면 병원에 가는 거야. 병원에 가서 링거도 하나 맞자. 링거 맞으면 좀 나아질 거야."

그리고 나는 깜박 잠이 들었다.

최내과에 엄마를 모시고 들어갔다. 최내과의 원장님은 십여 년 전, 병원비 대신 내가 번역한 책을 병원비로 받은 분이다. 가난한 번역가의 엄마는 당뇨와 혈압으로 최내과에 가서 한 달에 한 번 검사도 하고 처방전을 받아왔다. 그때마다 나는 엄마와 동행해왔다. 최내과는 항상 할머니 환자로 붐볐다. 아픈 곳만 치료하는 것이 아니라 어르신들의 건강 염려증에 늘 웃으며 대답했다.

"어제 급체를 하셔서요. 큰일 나는 줄 알았어요."라고 하자, 선생님의 대답은 걸작이었다. 듣는 사람에 따라서는 살짝 놀라겠지만, 나는 익숙했다.

"으응. 이럴 때 많이들 돌아가서. 삼복더위랑 추운 대한 전후로."

귀가 어두운 엄마가 못 들었길 바라며, 점심은 죽을 사드려야겠다고 마음먹었다.

"링거를 맞으려구요. 요즘 추워서 식사도 제대로 안 하셔서 더 힘드신 것 같아요."

선생님은 엄마를 진찰하고는 말했다.

"비타민하고 단백질도 추가해줄게."

엄마가 링거를 맞기 위해 안내받는 동안 접수대 앞에서 계산했다. 최내과는 내가 비싼 링거를 원해도 그냥 적당한 선에서 잘라주었다. 마음 같아서는 링거를 맞고 벌떡 일어나서 펄펄 날길 기대했기에 몇만 원 비싼 것이라도 불사하겠다는 나의 기대를 거두어 준 현실적인 가격 5만 원이 책정되었다. 감사한 일이었다.

1시간 20분 후, 병원에서 전화가 왔다. 링거를 다 맞았으니 모시고 가라는 전화. 물론 내가 전화를 부탁한 것이었다. 엄마가 링거를 맞는 사이 큰조카와 조카손자의 오후 외출을 도왔다. 큰조카는 휴대용 소변 통이랑 간식과 물, 손수건 챙기는 일에 익숙하지 않았다. 물론 고생해 봐야 다음에 고치겠지만, 고생하기 전에 가르쳐주는 게 나쁜 추억을 덜 만들어 올 것이기 때문이었다.

'아이를 돌보는 내 엄마로서 만족감이나 충일감을 먼저 맛보게 해야지.'

내게는 두 아이로 보일 뿐인 큰조카와 조카손자의 외출은 엄마가 아프기에 더욱 필요한 것이기도 했다. 아픈 엄마가 증손자의 요구에 일일이 응하다 보면 편히 쉴 수 없는 상황이 될 게 뻔했다.

김포에 있는 롯데몰 안에 있는 실내 무료 놀이터에 갈 것인지. 용산 아이파크몰에 있는 이웃집 토토로 마을에 갈지 고민하는 큰조카의 외출을 돕고 서둘러 최내과로 돌아왔다.

엄마는 링거를 맞는 동안 일간지 두 개를 읽었고 매우 기분이 좋아 보였다. 노인에게도 사회적인 욕구가 있고, 사회적인 입장이 있기에 상냥한 간호사들의 보살핌 덕분에 당신의 자존감을 회복한 것 같았다. 그것이 비타민을 추가해서인지 단백질을 추가해서인지 모르겠지만, 어쨌든 엄마는 어젯밤의 고통으로 일그러진 표정보다 훨씬 부드러운 미소를 되찾았다.

우리는 죽을 사 먹으러 두 정거장을 걸었다. 엄마에게는 오늘의 메뉴를 알려드리지 않고 엄마가 신뢰하는 후배의 이름을 팔았다. 임희에게 엄마가 아프다고 했더니 추천해 준 식당이 있다고만 했다. 죽 한 그릇을 앞에 두고 "와아~ 예쁘다." 하는 탄성이 터졌다.

처음에는 죽집 앞에서 돌아선 엄마. "죽을 돈 주고 사 먹어?" 하더니 마침내 주문한 죽이 나오자 불린 흰 쌀에 당근의 붉은 빛과 부추의 초록이 어우러진 색감의 조화에 아이처럼 즐거워

했다. 죽을 먹으면서 이런저런 대화를 나누던 끝에 나는 투덜거리며 속내를 말했다.

"어차피 조카들은 훨훨 날아갈 텐데. 엄마는 나한테 속고─유학까지 시키고도 설거지를 하는 내 처지를 비유하며─나는 조카들, 손자에게 속고 사는 거지 뭐."

"아니야, 말로는 그래도 나는 너희들이 있어서 다행이야. 이렇게 아플 때 전화하면 누가 와주겠니. 그리고 네가 공부를 했으니까 씩씩하게 설거지도 하러 나가는 것 아니겠어?"

죽을 먹고 다시 두 정거장을 걸어서 집으로 돌아오는 동안 엄마는, "나, 죽으면 울지 마."라고 말했다.

"안 울어. 차렷, 경례! 하고 수고하셨습니다. 곧 따라가지요. 할 거야."

엄마와 나는 이런 대화를 수없이 주고받으며 살아왔다. 영화 〈유스(YOUTH)〉에서 자신이 맡은 배역 역할을 구상 중인 지미에게 꼬마 소녀 팬은 지미가 연기한 역 중에 이런 대사를 기억한다.

"왜 아버지 역할을 안 해주셨죠?"

"준비가 안 된 것 같아서."

그때 소녀는 생각했단다.

'준비된 사람은 없다. 그러니 두려워할 것도 없다.'

엄마에게 진 빚을 영원히 갚지 못할 거라는 사실을 지난밤 완독한 알랭 드 보통의 『슬픔이 주는 기쁨』(정영목 역, 청미래, 2012)에서 또 확인하고야 만다.

아이는 곧 오랜 세월 빵에 버터를 발라주고 머리에 이가 없나 확인해준 어머니에게 진 빚을 감추고 살아갈 것이다.

엄마나 아빠 역할에 준비된 사람은 없다. 그러니 엄마나 아빠 되는 걸 두려워할 필요도 없다. 그리고 세월에 의해서 사라진 기억을 붙잡을 필요가 있다. 그 기억이 떠오르지 않을 때는 자신을 보면 된다.

노안으로 안경을 벗고서야 보이는 손자의 손톱 발톱을 깎아주며 구부린 등이 어쩌면 시간의 흐름 속에 엄마와 오버 랩 된다는 것을. 저녁에 외출에서 돌아온 큰조카가 할머니를 위해 인터넷에서 된장찌개 조리법을 찾아 첫 된장찌개를 끓이며 할머니와 대화하는 장면을 목격한 순간이 바로 그 기억의 회로를 찾아가는 지름길이 되기도 한다는 것을.

그러니 죽음 따위 두려워하지 말자. 누구나 준비된 사람은 없으니까. 엄마에게 진 빚은 큰조카, 막내조카, 손자에게 갚으면 되는 것이지.

"사람 엄마. 삶은 견디는 것이라면 엄마 정말 잘 견디셨어요. 차렷, 경례."

눈도 코도 머리도
바꾸고 싶어

막내조카와의 만남은 산문적이었다. 우리는 수능을 앞두고 함께 저녁을 먹기로 했다. 방과 후 부지런히 정독도서관에 가방을 두고 나온 막내조카 민이가 어디까지 왔는지 묻는 문자를 보내왔다.

나는 정독도서관 방향의 돌담길 사진을 찍어 보냈다. '풍문여고 쪽으로 오셨어요?' 하고 다시 문자가 왔다. 덕성여중 교문을 찍어 보내자 멀리서 막내조카가 달려왔다. 손자와 내가 여행을 하듯 여기저기 기웃거리며 걷는 더딘 걸음을 알기라도 하듯….

우리는 저녁을 시켜놓고 마주 앉았다. 막내조카와 단둘이 만났으면 제법 묵직했을 공기가 다섯 살 손자 정명이가 땀촌 땀촌 노래하듯 부르자 우리 모두의 얼굴에 여유 있는 미소가 감돌았다.

"땀촌, 우리 머리 바꾸자. 눈도, 코도…."

손자는 막내조카 곁에 앉아서 삼촌의 뺨과 머리를 쓰다듬으며 그렇게 말했다. 나중에 집으로 돌아와서 손자에게 물었다.

"삼촌이랑 머리 바꾸고 싶었어? 눈도? 코도?"

계속되는 나의 질문에 손자가 끄덕였다.

"왜?"

그러자 뜻밖의 대답이 돌아와서 놀랐다.

"사랑하니까…."

그렇구나 아이야. 사랑하니까 삼촌이랑 눈도 코도 머리도 바꾸고 싶은 거구나.

가족단체 카톡방에 글을 올렸다.

고모는 뿌듯해. 너희들이 자라서 각자 자기 몫을 해주어서. 특히 고모 대신 소리가 퇴근 후 동생 수능시험 잘 보라고 기꺼이 도시락 쌀 준비를 해준다고 해서….

먼 옛날에는 짐작도 하지 못했던 미래가 현실로 다가왔다. 아이들이 자란 것이다. 마침내 그들이 만들어 갈 세상을 반걸음 뒤에 서서 함께 바라볼 수 있게 되었다.

오늘은 기쁜 날.

아쉽지만 확실한 대답,
넵!

 막내조카에게 '넵!'이라는 답을 듣기가 점점 쉽지 않다. 공이 든다. 그만큼 머리와 가슴을 써야 한다고 할까. 차갑지도 않고 달달하지도 않은 인생 선배로서 대화 상대가 될 수 있기를 바랐지만, 글쎄 잘 모르겠다.

 마치 세계여행이라도 갈 수 있는 지원금을 주는 것처럼 친구들과 떠난다는 여행 경비로 매달 만 원씩 모은 12만 원을 내어 준 짠순이 고모지만 어쨌든 그의 인생 여정에 나비 같은 존재가 되고 싶다. 그의 재능을 알아보고 격려해주고 세상의 추한 모습 속에서도 아름다움을 찾아서 볼 수 있도록 말이다. 물론 꿈에 가깝지만. 그렇다고 아이를 키우면서 꿈 없이 지나긴 겨울밤을 어떻게 버틸 수 있을까. 꿈은 나비. 나비는 꿈. 그는 나의 꿈속의 꿈.

톡 1.

고모가 궁금하지 않도록 이번 주 학교에서 상담받은 내용, 앞으로의 일정과 접수방식, 원서 마감일, 발표일 등을 차례로 알려주었으면 해. 공지 사항을 알려줄 때는 상담 형식이었으면 좋겠고 만약 통보식이라면 웃어른으로서 고모 마음이 좀 불편하겠지? 어쨌든 너와 나는 이 모든 과정을 한마음으로 통과해야 한다. 기도하는 마음으로…. 상담 선생님도 한계가 있으니 결정은 오직 너의 판단에 좌우되겠지만, 결과를 정밀하게 예측하고 반드시 한 곳은 하향지원을 했으면 좋겠구나. 대학에 입학한 후에는 바로 군대 지원하는 것도 현명한 방법일 거야. 할머니 하루라도 건강하실 때 집을 비우는 것이 낫다. 이 모든 조언을 참고해주겠니? 네가 중학교 입학할 때 사실 난 대학원이라도 갈까 망설였었지만, 너의 학원비를 매달 지원하기로 결론을 내린 것은 지금 생각해도 정말 옳은 결정이었던 것 같다.

절대로 혼자가 아니다. 고모는 네 곁에 있다. 언제나.

- 실제 지원 희망대학 가군 하향, 나군 적정, 다군은…. 합격 안정성 6칸 정도면 합격이에요. 그리고 병역감면 가능성이 있네요. 군대 안 가게 되면 '반수(대학을 다니면서 재수를 준비하는 방식)'도 해보고 싶네요. 아쉬워서….

톡 2.

좋은 정보네. 할머니께도 보여드리렴. 가군 대학은 통학 거리가 좀 되지? 나군 대학은 언덕 위로 버스 다니더구나. 반수는 할머니와 고모의 의사에 반하니까 우리 모르게 혼자 시험 치르는 것으로 하렴. 반수를 한다는 건 고모가 더 좋은 가정에서 태어났다면 더 잘 살 수 있을 텐데 하고 생각하는 것과 같은 것이다. 분명한 것은 주어진 환경, 조건, 정보, 능력 안에서 최고를 찾다 보면 더는 과거나 미래에 연연하지 않고 현재를, 현재의 나를 긍정할 수 있지 않겠니? 나는 지금 행복한 너였으면 좋겠다. 자신을 멋진 놈이라고 느끼는 남자는 지난 일, 못 이룬 꿈에 연연하지 말고 바로 다음 트랙을 넘을 결심을 하는 것이다.

– 저도 그렇게 생각하긴 하는데 꿈이 있고 목표가 있어서…. 고민해볼게요. 국어 때문에 전체가 무너져서 너무 억울해요.

톡 3.
친구들 다 있대, 윷놀이. 철이도 있고, 영아도 있고, 어린이집에도 있고…. 네 조카의 욕구도 점점 구체적으로 진화하는데 고모 늙는 속도도 만만치 않아…. 그래서 고모도 마음이 두렵고 그래. 언제까지 경제활동을 할 수 있을지. 이럴 땐 최선을 다하자 우리.

– 넵

추가합격자 발표가 있었다. 신소재 화공공학부 합격 통지서와 함께 재도전을 해보고 싶다는 막내조카의 카톡은 좀 복잡한 기분이 들게 한다―경제적으로 확실하게 도와주지도 못하면서 반대만 하면 의미 없으니까. 그 또한 예전에 내가 그랬던 것처럼 꿈 이외에는 가진 게 없고, 지독하게 경제 감각이 없으며, 개인주의자라는 사실.

대체 누가 자녀가 20대가 되면 양육에서 졸업한다고 했을까? 그것은 양육자가 자녀에 대한 책임을 20대까지 한정하고 싶다는 희망 사항에 지나지 않는다. 100세 시대에 사람 아이가 홀로서기 하기까지 지켜주는 뒷심은 또 얼마나 중요한가.

지적보다는 응원하는 역할이 기다리고 있으며 더러는 경제적인 지원도 아낌없이 계속되어야 한다는 중요한 사항이 누락된 것은 아닐까. 어쩌면 알고도 의식적으로 누락시켰는지도 모르겠다.

끝이 없다고 생각하면 막내조카가 고3이 될 때까지 내가 버틸 수 없었을 테니까. 그래도 오늘만은 충분히 기뻐하며 쉬었다 가자. 엄마 대행 업무 1차 완료.

어린 나와의 작별,
이중섭 전시회

　매월 마지막 수요일은 문화의 날. 한낮의 덕수궁. 오전 9시부터 1시까지 요양센터 봉사를 마치고 민속 인형 작가인 '인형의 집 언니'와 〈이중섭 백 년의 신화〉를 관람하기 위해 외출을 했다.

　봉사를 하는 동안 요양원에서는 '전직 디자이너였으며 어떤 쇼크로 기억을 잃은 58세의 부인'의 인지발달에 고무되어 있었다. 숟가락으로 밥을 떠먹는 것조차 잊어버린 그녀가, 멀미가 날 정도로 서성이며 배회를 했던 그녀가 놀이시간에 색종이에 그린 나비를 가위로 오리거나 들여다보면서 짧은 시간 동안이시만 놀이에 집익했던 것이다. 아이가 처음 '엄.마' 하고 입을 뗀 것처럼 반갑고 고마운 체험을 인형의 집 언니에게 신나게 전했다.

문화의 날은 대단했다. 성장(盛裝)한 사오십 대 여성들이 줄지어 선 광경을 보니 거울 앞에 선 기분이 들었다. 애써 피하고 싶었던 모습을 억지로 거울 앞에 세운 것 같았다. 미술관에 평소에 입던 옷이 아닌 옷을 차려입은 그녀들은 약간은 들떠 보였다. 문화를 소비하기 위해 우리는 그렇게 긴 줄을 인내심을 갖고 기다려야 했다. 그림 앞에 선 채 좀처럼 돌아오지 않는 내 차례를 기다리는 시간. 나는 사람들 너머로 고개를 기웃댔다.

1956년 〈나무와 노란 새〉.
'아플 때 그린 거네….'
그림 앞에 선 언니. 마치 동양화처럼 무채색에 가까운 채색이 아파 보인다. 종이에 크레파스.
1955년 〈노란 태양과 가족〉. 종이에 혼합재료.
그림을 지나치며 인형의 집 언니는 혼잣말로 중얼거린다.
'물감을 무지 아껴 썼네.'
"언니, 그 말은 우리가 식용유를 아껴 쓰는 것과 같잖아."
누구에게랄 것도 없이 허공에 던져진 언니의 말이 아프다. 나는 인형의 집 언니가 인형을 만들 때 아낌없이 색을 썼던가 돌이켜본다. 그녀의 팔레트는 쿠킹호일이었던 게 기억난다.

껑충 뛴 집세를 더는 감당할 수 없어서 홍대 작업실의 짐을 싸야 했던 그녀. 나는 쿠킹호일에 짜서 쓰던 그녀의 물감을 그 후로 보지 못했다. 다만 왜 좀 더 언니의 인형들을 사두지 못했을까 속이 상할 뿐.

〈이중섭 백 년의 신화〉에는 일본 유학 당시 아내에게 보낸 엽서들이 공개되어 있었다. 바다를 건넌 그들의 사랑에도 극심한 부침의 서막이 열렸음을 알리는 흔적들. 훗날 가족의 연을 맺고 족두리를 쓰고 전통혼례를 올린 마사코는 남덕이 되고 그들은 그렇게 부모가 되었으며 마침내 서로의 땅에서 그리워하며 살아야 했다. 그가 보낸 수많은 편지, 그 안에 담긴 그림들을 보던 인형의 집 언니가 "종이가 무척 얇네."라고 말했다.

"옛날에 국제우편은 무게로 우푯값을 치러서 그래요. 저도 일본에 있을 적에 이렇게 얇은 종이에 깨알같이 적어서 보냈거든요."

인형의 집 언니는 그제야 '아.' 한다. 그런 언니 곁에서 나는 한마디 덧붙였다.

"이런 사랑, 이런 애착 좀 무섭지 않아요?"

"왜? 난 받아 보고 싶은데. 넌 이런 사랑 못 받아봤지?"

"우리 엄마, 우리 엄마가 이런 사랑받았잖아요. 아빠한테서. 베트남 전쟁 때 이렇게 얇은 종이에 깨알같이 써서 그림까지 그려 보낸 편지가 아직도 남아 있어요. 그런데 그 사랑이 결혼 10년 차에 또 다른 사랑이 생겨서 이혼했잖아요. 난 그때부터 사랑이 영원하지 않다는 걸 알았다구요."

덕수궁 석조전 계단을 내려오면서 벽 한 면을 장식한 이중섭의 흑백사진을 보았다. 사진이 얼마나 큰지 가늠할 수 없어 아쉬웠다. 구멍 난 화가의 낡은 신발에 서글퍼하고 담배 쥔 손에 아파하면서 언니는 지나가듯 말했다.

"이중섭 연극 소도구를 담당한 적이 있어. 그때 이중섭 자료를 많이 찾아봤거든. 전시회에서 그림이 팔리면 이중섭이 자기 그림 산 사람을 쫓아가서 '내가 꼭 다음에 더 좋은 그림을 그려서 바꿔드리겠다.'고 했지. 그림 그리는 애들 절대 이런 말 안 해. 난 사실 이중섭 그림보다 그의 인품이 더 좋더라. 오래 살았다면 지극한 예술가의 삶을 살았겠지."

옛날 같으면 그 사실이 너무 속상하고 가슴 아팠겠지만, 인형의 집 언니처럼 재능은 있으나 무명인 시인, 소설가, 화가, 연기자가 많다는 걸 알기에 그만 아쉬워하기로 했다.

인형의 집 언니와 나는 덕수궁 돌담길을 따라 올라가 수업을 마치고 거리로 쏟아진 예원 학생들과 섞여서 미술관에서의 줄만큼이나 오래 기다린 다음 차를 마실 수 있었다. 차례가 오길 기다리면서 내 또래 중년들과 서 있을 때보다 학생들과 서 있을 때 오히려 마음 편한 자신을 느꼈다.

이윽고 집으로 돌아가야 할 시간. 다시 돌담길을 따라 역으로 향했다. 그녀와 걸을 때면 꼭 작곡가 이영훈을 기리는 추모비 앞에 머물렀다.

'난 아직 모르잖아요. 휘파람. 소녀. 사랑이 지나가면. 그녀의 웃음소리뿐. 광화문 연가. 가로수 그늘 아래 서면'의 작곡가는 1960년에서 2008년까지 살다 갔다. 향년 49세.

나는 그 길을 걸으면서 생각했다. 고등학교 첫 여름방학 때. 엄마가 지금의 내 나이 때. 나와 동생은 처음으로 아빠에게 보내졌다. 여자 혼자서 아이 둘을 양육한다는 것은 쉽지 않은 일이다. 지금의 나는 그것을 뼈저리게 느끼고 있다. 또한 전문직이든 자영업이든 한두 번은 위기를 맞고, 그 위기에서 다른 길을 모색해야 한다는 것도 안다. 갱년기가 찾아오면 예전처럼 밤샘도 못 하고 의지 만큼 몸을 부리지 못하는 탓에 미래가 성큼 두려워지기도 한다는 것을…. 그해 엄마는 어떤 결심을 했던 것 같다. 아빠가 우리를 맡아 키우면 엄마보다 더 잘 키우지 않을까 하고. 그랬다. 엄마는 갱년기에 찾아온 경제적 위기로 자신의 분신처럼 사랑했던 우리를 여름방학 때 아빠에게 시험 삼아 보냈다. 아빠를 그토록 그리워했지만 우리는 단 하루만에 현실 속의 아빠를 사랑할 수 없다는 것을 깨닫게 되었다. 아빠의 공간에 우리가 들어가 설 자리가 없음을 아는 데 일주일이라는 시간은 필요 없었다. 일주일 치 짐을 싸 들고 돌아온 우리 남매는 다시 아빠에게 보내지지 않도록 아빠의 흉을 보면서 그 여름을 보냈다. 무엇보다도 그 내막에는 낯선 아줌마를 엄마로 부르라는 아빠의 요구에 대한 분노가 있었다. 무려 십여 년을 엄마라고 불렀던 '엄마'라는 말을 하루아침에 빼앗긴 기분이라니. 그 배반감은 엄마에게 돌아온 후로도 오랫동안 나를 괴롭혔다. 그토록 혼란스러웠던 여름방학을 보내면서 사랑이라는 감정에는 과장이 섞여 있다는 사실을 깨달으며 깨알 같은 연서에 숨은 자기애의 민낯을 보았다. 아빠는 타인이 아닌 자기 자신을 사랑했을 뿐이었다. 그리고 매사 표현이 서툰 엄마에게 불만을 품었던 기억들. 차라리 우리는 가난하니 고등학교 졸업 후에는 취직을 해야 하고, 오늘부터 장은 보지 않고 김치와 된장찌개만 먹고 살아야 한다고 솔직히 말해 주었으면 하고 바랐던 어린 나의 모습이 떠올랐다. 남한테는 쉽게 풀어 놓지 못했던 이야기를 들어주는 인형의 집 언니가 있는 지금은 얼마나 다행인가.

고독했던 사춘기, 내 이야기를 아무에게도 할 수 없었던 시절이 지금도 아픈 내가 지하철역 계단을 내려가면서 이렇게 말했다.

"그런데 말이죠, 지금 생각해보니 혹시 내 이야기를 털어놓을 어른이 주변에 있었는데 내가 도와달라고 말을 못 한 건 아닌가 하는 생각이 들 때가 있어요. 내가 보지 못하고, 찾지 않은 게 아닌가. 그래서 손자가 천 원 주고 벼룩시장에서 산 폴리 장난감 팔이 빠져서 징징거리거나 조립을 못 해서 장난감을 던져버릴 때 '도와주세요'라고 가르치죠. '도와주세요'라고 하면 내가 몇 번이고 팔을 끼워줄 거라고. 그리고 언젠가는 폴리 몸통을 왼손으로 잡고 오른손으로 끼워 넣을 수 있을 거라고. 손자를 위해 나는 '도와주세요'라는 말을 자주 연습시켜요."

내 이야기를 가만히 들어주는 인형의 집 언니를 따라 흔들리는 지하철 안에서 나는 아이처럼 부지런히 종알댔다. 마침내 언니가 사는 역에 내린 우리는 습관처럼 다시 건너편 플랫폼으로 가서 집으로 가는 방향의 전철이 오길 기다렸다.

집으로 돌아오자 이중섭의 흑백사진이 카톡으로 왔다. 방금 헤어진 언니가 보내준 사진에 이렇게 답했다.

사십 대의 끝에 언니가 곁에 있어 주어서 나는 내 안의 어린 나와 이제는 그만 작별을 하렵니다.

전시장에서 보았던 방명록 속 글을 보며 언니와 나는 즐거워했다. 남자들도 서로의 이름을 부르면서 우정을 나누는구나. 화가 이중섭은 형의 가족이 부러우면 부럽다고 말할 수 있는 사람이구나 라면서 말이다.

둥섭아
색동저고리
오늘은
입엇고나
- 한묵

세상의 모든
어린이

3월은 31일 중 일하지 않은 날이 10일이었는데, 그중 아이들 학교에 간 날을 헤아려보면 모두 7일이었다. 아이들의 엄마 대행으로 '학부모회의'에 참석했으며 막내조카의 중학교 입학식이며 수학영재 오리엔테이션, 수학영재 입학식을 포함해 휴일을 거의 학교에서 보냈다. 중학교에 입학한 조카의 학부모회의 날이었다.

담임선생님과의 면담 후 막내조카를 만나기 위해 교실로 찾아갔는데 마침 점심시간이었다. 빈 교실에는 한 소년이 교실을 지키고 있었다. 교실 문을 열자 그 소년이 나에게 다가와 물었다.

"누구세요?"

"응, 민이 고모. 넌 이름이 뭐니?"

"준이요."

"준이는 왜 교실에 있어?"

"오늘 당번이라 점심을 먹고 오는 아이가 올 때까지 교실을 지키고 있어요."

"준이는 커서 뭐가 되고 싶니?"

아이는 기다렸다는 듯이 말했다.

"수의사요."

"그래? 우리 집에 말티즈랑 페키니즈를 키우는데 나중에 너의 병원에 가야겠네."

"저의 집도 말티즈를 키워요. 저는 장학금을 받아야 해요."

뜬금없이 장학금 이야기를 하는 준이 얼굴을 본다.

"왜 장학금을 받아야 하는데?"

"작년 7월에 아빠가 돌아가셔서 엄마가 일을 하시거든요."

잠시 뜸을 들이던 준이가 말한다.

"그런데 아빠는 좋은 아빠는 아니었어요."

"왜? 술을 마셨니?"

"예. 술을 많이 마셔서 돌아가셨어요."

나도 준이처럼 한동안 말이 없다. 순식간에 준이에 대해서 너무 많이 알게 되었기 때문이다.

"엄마는 몇 시에 오시니?"

"12시쯤. 어떨 때는 1시에도 오세요."

"그럼 그때까지 혼자 있니?"

"아니요. 누나 셋이 있어요."

"그래, 다행이다. 네가 장학금을 받을 수 있도록 기도해 줄게. 넌 종교가 있니?"

"아니요…. 그런데 저는 공부를 못해요."

준이의 이야기에 점점 빠져들고 있다.

"그래? 우리 민이는 수학을 잘하니까 준이가 모르는 수학이 있으면 가르쳐주라고 할게."

"정말요?"

아이는 잠시 망설이다 말을 이었다.

"저는 친구가 없어요."

나도 잠시 할 말을 잊었다.

그런 나를 바라보던 준이가 다시 말을 건넨다.

"민이는 좋겠어요."

"왜?"

"공부도 잘하고 운동도 잘하니까요."

나는 아이를 눈여겨본다.

'준이는 수의사가 되고 싶고, 장학금을 받아야 하며 공부를 못하고 친구가 없다. 이제 갓 중학생이 된 아이가 감당하기에

는 너무 벅찬 현실이다. 아이는 누군가에게는 이런 감정을 표현해야 하고 마침 그 대상이 내가 된 것이다.'

이윽고 한 아이가 교실 문을 열고 들어왔다가 다시 나간다.

"어, 반 친구가 오면 점심을 먹으러 간다고 했지? 나가 버렸네."

"괜찮아요. 집에 가서 먹으면 돼요."

"아니지. 집에 가면 너무 늦잖아."

잠시 후에 다시 한 아이가 교실로 들어왔다가 나가려 한다.

"얘, 준이가 점심을 먹으러 가야 하니까 교실을 좀 봐주렴."

"저. 는. 청소하러 가야 해요."

나중에 알게 되었지만 청소하러 가야 한다는 아이는 언어장애를 앓고 있는 철이였다.

"5분만, 5분만 기다려줄래? 준이가 금방 점심을 먹고 올 테니까." 내가 사정을 한다.

나가려던 철이가 엉거주춤 서서 사람 좋은 웃음을 지으며 고개를 끄덕인다.

점심을 먹으러 준이가 나가자 이번에는 교실에 철이와 내가 단둘이 되었다.

"넌 왜 점심시간에 청소를 하러 가니?"

"수업받기 전에 청소를 해야 해요."

철이의 말로는 이해가 되지 않았지만, 반 친구들과 달리 분반 수업을 한다는 내용인 것 같았다. 잠시 후 철이가 문 쪽으로 가버린다.

 나는 준이가 올 때까지 기다려달라고 말하려다 그냥 내버려둔다. 오늘은 내가 교실 당번을 하면 되니까. 당번일 때 친한 친구가 없으면 점심을 거를 수도 있겠다 싶었다. 친구가 없다는 준이는 어쩌면 학기 내내 당번일 때면 집에서 점심을 먹을 것이다. 엄마가 없는 빈집에서 홀로 챙겨 먹는 점심을 말이다.

 운동장에서 실컷 뛰어놀던 조카가 교실로 왔다. 점심시간 다음 수업은 공개수업. 마침 음악수업이라 이동수업을 하는 조카를 따라 피아노가 있는 교실로 향했다. 조카의 음악책은 겉장이 완전히 뜯겨 있었다.

 "왜 새 책이 이 모양이니?"

 "민영이가 음악시간에 빌려 가서 찢어 왔어요."

 민영이는 학교 주먹이다. 아이들 말로는 축구부 짱이다. 민영이와 민이는 초등학교 동창이었다.

 중학교 입학식이 끝나고 6학년 담임선생님께 민이의 교복 입은 모습을 보여드리기 위해 초등학교로 갈 때 들은 이야기가 있다. 조카는 졸업 후에 담임선생님을 찾아뵌다는 생각만으로도 기쁜 듯했다.

"고모, 욱이가 '학교폭력 117에 전화를 하면 엄마 아빠가 아시겠지?' 하고 말했어요."

"왜, 민영이가 아직도 때려?"

"예. 민영이가 학교 끝나고 남으라고 하는데 욱이는 무서워서 싫은데도 남아있어요. 저는 남으라고 해도 안 남는데."

"넌 무섭지 않아?"

"예. 전 무섭지 않은데 욱이는 무서운가 봐요."

나는 일전에도 욱이가 민영이가 자꾸 때려서 힘들다는 이야기를 조카에게 들은 적이 있었다. 화가 났다. 친구가 친구를 무서워하다니.

빈 교실에서 우리를 기다리고 있던 담임선생님. 6학년 2반 담임선생님은 이번에는 5학년 교실에 있었다. 민이가 졸업할 때 카이스트 장학금을 받도록 추천해주었던 고마운 선생님은 민이를 반갑게 맞으며 방금 같은 반이었던 여학생들이 다녀갔다고 알려주었다. 조카와 난 세상에 우리가 제일 먼저인 줄 알았는데 하는 아쉬운 표정이 되었다.

인사를 마치고 민영이의 이야기를 꺼내자 선생님께서는 알고 계셨다는 듯이 고개를 끄덕였다.

"내가 어떻게 대처해야 하는지 알려줬지?"

민이와 담임선생님만이 알 수 있는 대화가 오고 갔다.

"예. 그런데 욱이는 무서운가 봐요."

선생님께서는 그 또한 알고 있었다는 듯 고개를 끄덕였다. 인사를 마친 조카와 내가 초등학교 교문을 나오는 동안 나는 욱이 어머니께 문자를 보냈다.

욱이가 '117에 민영이를 신고하면 엄마 아빠가 아시겠지?' 하고 걱정을 했답니다.

음악책이 찢어진 것을 보면서 나는 예상했던 일이 일어났다는 생각을 했다. 나의 문자를 받은 욱이 어머니는 상황파악이 잘 안 되었는지 욱이가 민영이를 쫓아다닌다고 오해한 모양이었다. 아들이 얼마만큼 고통스러워하는지 모르는 눈치였다. 욱이 어머니는 어떤 식으로든 민영이 어머니한테 이 사실을 전했고, 그 바람에 민영이는 야단을 맞았을 것이다.

야단을 맞은 민영이는 자신들의 이야기를 고자질한 민이에게 이떻게든 앙갚음을 할 것이라 예상은 하고 있었다. 민이가 맞지는 않을까 걱정했는데 음악책을 찢은 것으로 끝이 나서 한편으로는 다행이다 싶었다.

민이가 새 책을 찢어서 혼이 날까 봐 음악선생님께 말씀드렸더니 연세가 지긋한 선생님 왈,

"서열 싸움하는 거예요. 자기가 여기에서 제일 힘이 세다는…."

선생님 말씀을 들으니 조금 알 것도 같다. 남자아이들 사이에서 동물의 왕국처럼 지금 서열 싸움이 한창인 것이다. 서열 싸움이 끝나기를 기다리는 수밖에.

나는 이 일로 교훈을 얻었다. 아이가 학교에서 생긴 문제를 이야기했을 때는 바로 행동에 들어가는 것보다 잠시 지켜보다가 피해 아동의 부모님께 익명으로 알려야 한다는 것을…. 그렇지 않으면 우리 아이가 다칠 수 있다는 교훈을 말이다. 내키지는 않지만 조금 소극적으로 행동할 수밖에 없다는 사실이 안타까울 뿐이다. 혹시 민영이라는 아이가 어른들에게 SOS를 보내고 있는 건 아닌가 싶기도 했다.

'나는 외롭다. 나는 힘들다. 내 이야기를 좀 들어다오.'

아이의 외침이 몇 년씩 외면당했을 때 아이는 힘으로 친구들을 괴롭히면서 자신의 존재를 알리려고 하는 건 아닐까. 민영이의 미래를 진심으로 걱정하며 민영이의 이야기를 들어 줄 어른, 빈 교실에서 친구가 올 때까지 점심시간을 보내야만 하는 준이의 이야기를 들어 줄 어른이 필요하다. 아니 자신의

이야기를 들어 줄 친구가 그들에게 절실하게 필요한 것은 아닐까.

우리는 모두 나의 마음을 알아줄 친구가 필요하다!

차가
식을까 봐요

동빙고 목요 수업은 오늘로 끝났다. 세탁소에서 찾아온 정장을 입고 나갔다. 3년 반 동안 매주 목요일이면 나는 빵을 산 후 동빙고 언덕 위 조그마한 연립의 문을 밀고 들어가 2층으로 올라갔다.

"안녕하세요. 오늘은 맛있는 팥빵이에요."

"안녕하세요. 오늘은 카스텔라를 가져와 봤어요."

"안녕하세요. 오늘은 야채빵."

"안녕하세요. 오늘은 치즈빵."

"안녕하세요. 오늘은…."

세상에는 참 빵도 다양하다.

매주 목요일마다 빵을 배달하는 학습지 교사가 오늘이 마지막 방문이라는 사실을 장애를 가진 부인은 모르는 눈치였다. 내가 말하지 않았으니까. 수업을 마치고 나오면서 나는 물었다.

"제가 몇 번째 선생님이라고 그러셨죠?"

앉아서만 생활하는 부인은 한 손을 들어 손가락 네 개를 펴 보였다. 네 번째. 그래 나는 네 번째 학습지 교사였다. 다음 주엔 그녀의 다섯 번째 선생님이 올 테다. 나는 다섯 번째 선생님에게 다음과 같은 메시지를 남겼다.

국어 문제. 풀이보다는 글감을 소리 내어 읽도록 지도 요망

부인은 마지막 수업을 하는 내 마음을 읽기라도 했는지 이렇게 말했다.

"실제 배우니까 그 전보다 재미있어."

당신은 혼자 기나긴 날을 연립주택에 앉아서 티브이를 보거나 라디오를 들으면서 소일하다가 연립주택에 배달된 음식점 전단지 뒷장을 이용해서 한글 공부했던 걸 기억할까. 그녀가 메모지에 가득 써놓았던 음식 메뉴들을 나는 아직도 기억하고 있었다.

순대, 족발, 만두, 냉면.

당신은 그 메모를 읽고 감동하던 나를 기억할까. 오후의 햇살이 빨래를 널어놓은 마루에 걸쳐 있었고 언젠가 수업을 마

치고 일어서는 나에게 공부가 점점 '짧아진다'고 했었다. 내가 수업을 점점 빨리 끝낸다는 뜻인가 싶어 눈을 동그랗게 떴었다. 나중에 알고 보니 그 말은 공부가 쉬워졌다는 뜻이었다.

'당신이 주신 보석 같은 말을 마음에 가득 담고 갑니다.'

우리는 다음 주 다시 만날 사람들처럼 가볍게 인사했다.

'이런 식으로 헤어져도 되는 걸까…'

나의 진심이 무엇인지, 무얼 원하는지 모호했다. 울 것도 아니고, 아쉽다고 다음에 만날 약속을 할 것도 아닌, 이렇게 가벼운 수인사를 나눌 만남도 아닌 이런 이별은 뭐라고 이름 지어야 하나.

다음 수업은 유치원에 다니는 은이와 영이.

아이들에게 오늘이 마지막 수업이라고는 알리지 않았다. 회사에서는 마지막 수업 작별 인사를 하지 말라고 했다. 선생님이 바뀌면 당장 다음 주 수업부터 그만둔다는 회원이 생기기 때문이란다. 새로 오신 선생님과 수업할 기회를 주어야 한단다. 3년 6개월 동안 학습지 회사 녹을 먹은 내가 처음 듣는 이야기도 아니었다. 수많은 선생님이 그렇게 인사 없이 가버리는 걸 보았으니까.

은이는 긴장하거나 곤란한 상황이 생기면 눈을 깜빡이는 틱

현상을 보이는데 오늘도 받아쓰기에서 긴장을 했는지 눈을 열심히 깜빡였다. 수업을 마친 후 칭찬을 듬뿍해 주고 일어서자 "딱 한 번만 업어줘." 라고 은이가 말했다. 가방을 내려놓고 은이를 등에 태우고 마루를 엉금엉금 기어 다녔다. 아이는 등에 꼭 달라붙어 있었다. 일 나간 엄마가 그리운 걸까. 언제나 그랬듯이 제자리 점프를 하며 하이파이브로 인사 끝.

다음 집은 내가 『작은 아씨들』의 조라 부르는 은채와 은희 그리고 중학생인 훈이의 수업.

훈이 어머니에게는 지난주에 전화로 상황을 말씀드렸다. 매주 오뎅이며 잡채, 떡볶이 등 그날의 간식을 준비해 주시던 어머니와는 꼭 작별인사를 하고 싶었다. 결혼 전 서점에서 일했다는 훈이 어머니의 책 이야기는 언제 들어도 재미있었다. 수업을 마치자 그녀는 내게 작은 상자를 주었다. 상자 위에는 '삼대 떡집'이라고 적혀 있었다. 시어머니를 도와 삼 대째 떡집을 한다는 말을 언젠가 들은 적이 있었다. 떡을 선물로 받다니 기뻤다.

보석 같은 말은 수요일 마지막 수업에서도 들었다. 못 먹고, 못 입은 것은 억울하지 않은데 못 배운 것은 억울하다는 할머니의 국어시간. 우리는 동화책을 읽고 있었다. 『달님의 외투』라는 책이었는데 떠듬떠듬 책을 읽던 할머니는 글 내용을 읽다가 하하하, 재미있다는 듯 웃었다. 글을 떠듬거리며 읽느라 내용을 전혀 파악하지 못했던 자신이 이젠 책 읽기가 가능해졌고, 책을 읽는 동시에 내용도 알게 되어 이리 웃게 된 것이 스스로 감동적이었는지 혼잣말로 '하느님 감사합니다.' 했다. 곁에 있던 나도 '하느님 감사합니다.'라고 외치고 싶은 순간이었다.

어린이들과 한글을 배우는 어른들과의 만남이 서서히 막을 내리고 있었다. 때로는 밥상을 마주하고, 때로는 안방에서, 때로는 마루에서 매주 정해진 시간에 만나왔던 그들. 매주 언제 오냐며 시간을 묻는 훈이에게 선생님은 약속시간을 잘 지키고 있는데 왜 자꾸 전화하느냐고 묻자 이런 대답이 돌아왔었다.

"차가 식을까 봐요."

훈이 엄마는 일을 나가며 빈집을 지키는 삼형제에게 선생님이 오시면 차를 드리라고 했고 훈이는 매주 차가 식을까 봐 선생님이 언제 오시는지 궁금해 했다. '작은 아씨들'처럼 종알대는 여동생들과 함께 엄마를 대신해서 매주 뜨거운 차를 준비하고 기다려주었던 훈이의 보석 같은 말을 기억해야겠다.

"차가 식을까 봐요."

그 말에 갑자기 소중한 존재가 된 나는 '차가 식을까 봐' 걱정할 만한 선생님이 되려고 노력했던 것 같다. 그리고 나 또한 '차가 식을까 봐요.' 같은 마음으로 살려고 노력했다. 보석같이 반짝반짝 빛나는 말이 있어 나는 그들의 선생님이었다. 한없이 부끄러운 선생님이었다.

문학만이 인생의 전부를 걸 가치가 있다고 믿었던 멍청이가 이제 진정한 문학을 만난 것 같았다. 삶이 곧 문학이라고, 내 주변 사람들이 곧 주인공이라는 것을 왜 진작 몰랐을까.

실패할 기회까지 살피면

 돌봄 일을 마치고 어린이집으로 손자를 데리러 가기 전 자투리 시간을 이용해서 '쵸이의 뜨개' 모임에 다녀왔다.

 실패할 기회를 주는 건 얼마나 소중한가. 왼손잡이가 바느질이나 뜨개질, 기타를 배울 때의 함정을 이번엔 극복할 수 있을까? 외국어를 처음 대할 때도 수없이 많은 도전을 했던 기억. 자전거 타기도 그랬다. 언제부턴가 능률적이고 좋아하는 것, 잘하는 것에만 시간을 썼던 것 같다. 이번 뜨개 모임은 잘하지도, 좋아하지도 않는데 나는 왜 모임에 갔을까.

 어제 참석한 치매 교육 영향도 있었다. 60세부터 매년 한 번씩 치매 체크가 필요하다고 했다. 나에게는 앞으로 9년 후가 될 것이고 우리가 흔히 노인이라고 구분하는 65세까지는 14년 후가 된다. 손자를 돌보느라고 사회적 관계망에서 고립될 수밖에 없다고 한탄만 하고 있을 수도 없다. 새로운 만남이 필요하다. 그런 의미에서 오늘의 모임은 성공적이었다.

뜨개질하며―나는 오늘 목표로 한 성과물은 없었지만 성취감을 위해 사슬뜨기로 손자와 나의 팔찌를 완성했다―마포희망나눔에서 하는 멘토 사업 비전을 들었다. 멘토 그룹이 정서 지원, 학습 지원, 반찬 지원을 함으로써 아이들에게 끼칠 영향을 가늠해 보았다. 뜨개 모임을 하는 쵸이의 경우 반찬 지원을 하는 아이에게 가정에서 엄마가 이야기하는 것처럼 메모를 덧붙인다고 한다. '이 음식은 일본식 카레야.' 하는 식으로 말이다. 반찬에서 과일까지 한 꾸러미를 준비한다고 했다.

학교 교문까지 갔다가 가슴이 뛰어서 집으로 돌아온다는 정아가 마음에 남는다. 정아는 고등학생이다. 정아는 일용직 아빠와 고시원에 산다. 가리는 음식도 많고 못 먹는 음식도 많다. 늘 사 먹는 음식에만 익숙해서 가정에서 먹는 반찬, 예를 들면 나물을 못 먹는단다.

"취향을 알아가는 일은 중요하다. 생활 전체가 취향에 의해 좌우되니까. 멘티인 아이가 무엇을 좋아하고 무엇을 싫어하는지 알고 행히는 돌봄엔 엄마의 마음이 스며있다. 정아가 취향을 발견하는 기회, 실패를 마음대로 한 후에 결정할 수 있는 기회가 먹거리에서부터 시작될 수 있다."

멘토 사업 취지를 새겨듣는 가운데 뜨개 모임 시간이 끝나가고 있었다. 뜨개질하면서 나누는 대화가 이렇게 감동적일 수 있다니…. 뜨개질의 새로운 발견이었다.

나눔이란 무엇일까. 마포희망나눔에서는 도움을 받는 대상과 도움을 주는 대상이 일방적이지 않아서 좋다. 때로는 내게 있는 걸 나누고 또 때로는 나누어 받기도 하는 관계가 형성되어 있었다.

헵번을 좋아하는
이유

 오드리 헵번은 나의 이상형이었다. 오토바이를 타고 로마 시내를 달리거나, 티파니 앞에서 아침으로 빵을 먹는 모습이 멋졌기 때문이 아니라 소외되고 아픈 이들 곁에 있는 스크린 밖 그녀의 모습이 오랫동안 내 마음을 끌었기 때문이다.

 이제 오십을 넘은 나이에 다시 꿈을 꾼다.

 그것은 문만 열고 나가서 버스나 전철로 이동을 하면 누군가를 도울 수 있는 관계망에 사는 것. 자신이 원하는 방식으로 삶이 흘러가지는 않지만, 소망하는 삶과 이웃하려는 노력으로서의 삶 또한 나쁘지는 않다.

 1년 전 오늘의 기록을 돌이보며….

새로운 가족의 탄생

하명희의 소설 『나무에게서 온 편지』(사회평론, 2014)에는 이런 문장이 나온다.

> 도은은 행주로 방을 닦으면 어떻게 하냐고 따지려다 말았다.

나는 돌봄 노동에 종사하는 분들이 가난해 봤으면 좋겠다. 봉사자가 봉사활동 중에 타인의 집을 방문해서 행주를 걸레로 쓰는 장면에 대한 묘사는 오랫동안 생각에 잠기게 했다.
'우리 이러지 말자. 더러워도 그 집 행주는 행주다.'
나는 사회복지사나 인권, 자선단체의 사람들이 부자였으면 좋겠다. 아니 가난하거나 부자이거나 상관없이 인권 감수성이 깊어졌으면 좋겠다. 유통기한 날짜 임박한 우유 말고, 입다가

버린 옷이나 필요 없어진 물건 말고 자신의 가장 소중한 것을 둘로 쪼개서 나눌 수 있는 발상에서 시작하면 미래의 복지는 어떻게 변할까?

나는 누군가를 돕는 행위가 지나치게 사회적 가치를 지니지 않았으면 좋겠다. 남의 집 방문을 넘어 기껏 쌀 한 포대, 라면 한 박스 앞에서 웃으라고 좀 하지 말았으면 좋겠다. 굶어 죽는 극한의 사람들을 위해 기부를 독려하지 말고, 단순히 불쌍한 사람을 돕기 위한 기부가 아닌, 평화로운 마을, 사이좋은 마을, 공평한 마을, 살기 좋은 마을을 만든다는 생각에서 재능이든 물질이든 기부했으면 좋겠다.

또 소통이니 상호협동 품앗이니 하는 좋은 말로 돌봄 대상자를 무대 위로 불러내어 춤추고 노래 부르자고 강요하지 않았으면 좋겠다. 나는 우울한데, 웃고 싶지도 않고 춤추기도 싫은데, 그런 말조차 할 수 없다면 어떤 기분일지 처지를 바꿔 생각해 주었으면 좋겠다. 나눔은 말 그대로 나눔이어야 한다고 나는 믿는다.

물론 처음부터 이런 생각에 도달한 것은 아니다. 어느 날 갑자기 조카는사가 내 삶에 들어왔다. 그 아이를 중심으로 삶이 재편되자 나는 한순간 경력단절 여성이 되었고, 누구보다 약자의 입장이 되었으며, 무엇보다 육아라는 것이 타인의 도움

없이는 해결 불가능 영역이라는 것을 매 순간 깨달아야 했다.

나는 아이에게 여러 가지 감정을 선물하고 싶었다. 다양한 감정 속에서 가장 적절한 자신만의 감정을 찾아야 한다고 생각했다. 기쁨도 느끼지만, 슬픔도 알아야 하고, 지루하기도 하지만, 세상에는 무척 신나고 즐거운 일이 수없이 많다는 것도 알리고 싶었다.

그때 손자와 나는 버려진 느낌이었고, 소외된 가정이었고, 사실 무엇이 필요한지조차 알 수 없을 정도로 궁지에 몰려있는 기분이었다. 양육자인 내가 그런 감정을 느꼈다면, 틀림없이 손자에게도 나의 지난한 감정이 고스란히 전해졌을 것이다.

언젠가 NGO 단체에서 내게 물었다.

'무엇을 도와드릴까요?'

'손자에게 엄마, 아빠가 있는 가정을 경험하게 하고 싶어요.'

그러자 우리 앞에 두 가정이 손을 내밀었다.

이오 가족과의 첫 만남 때 손자는 반나절이 지나지 않아서 제 또래의 자매가 아빠, 아빠라고 부르는 것을 보더니 이오를 '아빠' 하고 불렀다.

'아빠, 나도 앞자리에 타고 싶어요.'

이오는 흔쾌히 그렇게 했다.

이오는 앞 좌석에 두 딸을 번갈아 태워주고 있었는데 손자는 자동차 앞 좌석에 마냥 타보고 싶었던 다섯 살 사내아이였던 것이다.

식당에서 만난 젊은 엄마 홍아는 아직 젓가락질이 서툰 아이들을 위해 고리가 달린 유아용 젓가락을 손자의 몫까지 준비해 왔다. 그들을 만난 후로 나는 더는 궁지에 몰린 가장이 아니었고, 고립되거나 소외된 자라는 생각도 들지 않았다. 육아의 어려움을 상의할 친구가 생긴 것이다. 동시에 손자에게는 새로운 가족의 탄생을 알린 것이다.

앞으로 세 가족은 오랜 시간을 두고 우정을 쌓아가기로 했다. 한 달에 한 번 정해서 만나는 기계적인 만남이 아닌, 보고 싶어서 만나는 설레는 만남으로 항해를 시작할까 한다.

되돌아본다는 것은 기념하고 추억한다는 뜻이다. 지난 3년간 나는 많은 것을 얻었고, 또 배웠다. 많은 것을 배우고 얻은 사람은 그것을 배운 대로 얻은 만큼 행동해야 한다는 생각이 들었다.

혜택을 받는 처지기 되면 아무리 카면마스 앞에서 사진 찍기 싫어도 거절할 수 없다. 춤. 노래를 거절하기 어렵다. 작년 연말에 그 단체에서 난처한 제안을 해왔다. 세 가정이 축

제에서 춤과 노래를 부르는 것이 어떻겠냐고 물어본 것뿐이지만, 나에게는 차마 거절하기 힘든 요청인 동시에 아픈 제안이었다. 대체 왜 그런 식의 보여주기가 필요한지 못내 아쉬웠다. 우리 세 가족은 이미 처음에 기대했던 것 이상으로 화합하고 있는데….

이제 아이들을 매개로 한 우리 세 가족의 만남은 아이들이 성장하는 과정에서 서로 바빠지면 1년에 한 번도 만나지 못할 때가 올 것이다. 그때 가면 우리는 마을의 어린이를 안아주고, 놀아주고, 사랑해주는 관계로 성장할 것이다.

어두운 곳에서 누군가의 관심과 사랑을 간절히 바라는 어린이는 수없이 많다. 학습지 선생을 하면서 반지하에서나 임대아파트에서 늦게까지 잔업을 하는 부모를 기다리며 쓸쓸한 밥상에 앉아 무심히 티브이를 보던 어린이를 수없이 보았다. 부모가 있다고 해도 어른의 책임을 다하느라 정작 아이들의 성장을 곁에서 지켜주지 못할 때가 많다. 나는 시간이 많은 어른이 되고 싶다.

영유아 발달장애
조기 개입이 중요하다

모든 어린이가 평등하게 발달 영역을 검사받고 지원받을 수 있도록 힘쓰고 있는 영유아 단체 '시소와그네'의 제안으로 〈2019정책박람회〉에 발언자로 참석하게 된 나는 시원한 바람을 맞으며 시청을 배경으로 잠시 숨을 고르고 있었다.

웩슬러 검사를 통해 손자가 경도발달장애라는 것을 알게 되었다. 발달센터에서 감각통합수업을 통해 손발 협응 능력을 기르게 된 손자는 양발을 자연스럽게 교차하여 계단을 오를 수 있게 되었다. 어눌한 발음과 말투를 단지 아이가 느린 탓일 뿐이라고 넘길 뻔한 것을 언어치료 선생님의 조언 덕분에 치과를 찾아가게 된 일과 그곳에서 전문의로부터 장애 판정을 받은 후 설소대 성형술을 결심하기까지 양육자로서의 내 경험을 공유하기 위해서였다. 웩슬러 검사 과정에서 거의 한 시간 가까이 설문 조사에 응한 결과 양육자로서 느긋한 태도를 지적받고 당황했던 이야기도 준비했다.

영유아 마음 건강을 위한 조기 개입의 중요성을 인식하고 조례 청원에 주민과 전문가(사회복지사, 보육교사, 치료사, 공무원 등), 민관이 협력하도록 노력하는 모습은 발달장애 아이를 돌보는 가족의 한 사람으로서 매우 반갑고 고마웠다.

만3세 영유아의 발달상태를 알고 양육에 적용할 수 있는 보편적 사회시스템이 있어야 한다. 아이의 발달과정이 양육자만 책임져야 할 사안이 아니기 때문이다. 영유아기에 '조기 개입'이 이루어진다면 아이를 건강하게 양육하는 방법을 서로 묻고 배울 수 있는 공동체가 형성될 수 있으며, 아이를 양육하는 부모들끼리 연대하고 도울 수 있는 문화가 만들어지지 않을까?

다 안다 생각해도
모를 수 있지

아침에 청국장 먹고 가지. 너 좋아하는 바지락 넣었는데….

고모가 어제 얼마나 황당했는 줄 알아? 네가 좋아하는 바지락 일부러 사서 소금물에 해감해서 끓였는데 갑자기 저녁을 안 먹겠다니…. 그럴 때 난 너에게서 네 아빠를 읽고 너무 싫어지거든.

한 가지 더. 고모가 부지런히 저녁준비를 하는 동안 알바 마친 남동생이 조카 사준다고 들고 온 치킨을 저녁 식사 전에 먹을 때는 말이야. 네가 먼저 접시에 고모를 위해 치킨 한두 개쯤 따로 덜어서 두고 먹는 거야. 그래야 너도 나이 들어서 아들에게 그런 배려를 받지 않겠니?

우리는 상처가 많은 가족이기에 속마음을 이야기하지 않으면 모른단다.

지난 목요일에 네가 빵을 사 왔을 때도 고모는 너를 관찰했어. 난 늘 네게 좋은 것을 주려고 했는데 내가 무슨 빵을 좋아하는지 묻지도 않고 팥빵을 사 오더구나. 네 몫으로는 싱싱한 채소가 듬뿍 든 샌드위치를 사고, 딸기를 좋아하는 정명이에게는 딸기 크림빵을 안겨주었지.

사람은 남녀노소 누구나 소중한 기분이 드는 걸 좋아하지.

고모가 만약 너에게 그런 감정을 전달하지 못하고 키웠다면 그건 정말 가슴 아픈 일이다. 만약에 네가 다른 누군가에게 빵을 사주려면 최소한 뭘 좋아하는지 묻겠지? 아니면 적어도 자기가 산 빵과 같은 걸 사든지. 그래야 선물이 되지. 임희 이모가 네게 옷을 사줄 때 자신이 산 옷과 똑같은 걸 선물했던 일 기억하니? 그때 고모가 기뻐한 것도. 물론 선물이란 것이 항상 마음에 드는 건 아니지만. 근데 알아두면 타인에게 기쁨을 주지. 너도 더 세련되어질 거고. 고모 생각이야.

이 모든 말을 떠나서 지금의 이 순간에도 고모는 네 잠자리가 불편하지는 않았는지 마음이 쓰인다. 검정 양말을 꺼내 놓을 걸 그랬나?

출근하면 바쁜 일과를 잘 끝내길 고모는 바란다.

오늘도 좋은 하루!

두 번 다음엔
서로가 행복하지

아들(막내조카를 아들이라고 부른다), 너도 고모가 네 누나에게 한 이야기 마음에 새겨두었다가 선물에 대한 자신만의 정의를 세워두렴.

어른이란 자신의 인생을 지탱하는 테마가 있어야 흔들리지 않거든. 뭐 때때로 변하기도 하지만.

그리고 다음에는 네가 설거지할 차례야. 누나가 한 번 했으면 너도 한 번 해야지. 생각해보니 고모가 일상에서 남녀차별을 한 것 같네. 고모가 잊고 있더라도 다음에는 네가 팔 걷고 "이번엔 제가 할게요." 하고 먼저 나서시오. 그래야 정명이가 보고 자라서 12년 후에 내가 할머니가 되면 도와줄 게 아니니?

나는 우리의 손이 공부만 하는 손이어서는 매력이 없다고 생각해. 무언가 만드는 창의적인 손. 누군가 도와줄 도움의 손. 일하는 손. 가만히 쉬는 손. 그런 의미에서 누나는 스무 살 이후, 아니 네가 성인이 된 이후 무언가 가족 내부에서 불만을 느꼈을 게 분명하다는 것에 생각이 미쳤다. 고모가 없을 때 대부분은 누나가 음식이며 설거지를 하지? 무언가 굉장히 불공정한 것 같다는 생각이 들지 않니?

무뚝뚝해서, 부끄러워서 못하는 건 사랑이 아니야. 그런 부끄러움을 넘어서고 행동하는 게 사랑이야. 한 번 하면 두 번 할 수 있고 두 번 다음엔 서로가 행복하지.

'난 무뚝뚝하니까.' 하면서 자기주장만 하다 보면 사랑하는 사람들을 슬프게 하고 사랑할 시간을 놓치고 말거든.

때로는 불편한 가족

H에게.

어제 너의—프랑스 리옹에서 유학하고 있는 H는 16년 전 중국어 강좌를 들을 때 짝꿍이었던 꼬마 친구다—우편물이 도착했단다. 모네의 수첩을 받고 바로 잘 받았다는 인사를 했으면 좋았을 것을 아줌마는 저녁준비로 바빴단다.

마침 아들을 보겠다고 큰조카가 찾아왔고 누나를 보겠다고 막내조카까지 왔었거든. 나는 처음으로 두 조카의 방문이 즐겁지 않았지. 성인으로서 가족 간의 뜻을 나누려고 찾아온 건데 왜 아줌마는 이들에게서 벗어나고 싶은 욕구를 느꼈을까 생각했어.

나는 혼자 지내는 남동생에게 보낼 김밥 재료를 사 왔고 저녁 메뉴로 청국장을 동시에 준비하느라 정신이 없었지. 야간 알바 하는 막내조카와 다음날 일찍 출근해야 하는 큰조카 몫의 김밥까지 싸느라 일이 그만 커지고 말았지. 문제는 퇴근하고 돌아온 큰조카가 그 김밥을 싸겠다고 나섰고 결국 아홉 줄의 김밥을 싸느라 너무 지쳐버리고 만 거야. 가족이 저녁을 함께 먹는 일이 더는 즐겁지 않겠다 싶었지. 그리고 우리는 겨우 이 정도의 노동을 힘들어하는구나 생각했지.

어쩌면 사회구조가 사람들이 저녁에 집에 돌아가 가족과 나눌 에너지까지 다 써버리게 하는 건 아닌지 개탄스러웠어. 사회구조의 탓으로 돌릴 수도 있고 개인의 나약함을 문제 삼을 수도 있겠지. 어쩔 수 없이 특정한 한 사람이 헌신해야 하는 가족구조의 모순을 느꼈단다.

아무튼 모네의 그림들을 보고 아줌마를 떠올려주었다니 고맙다.

동생의 버스여행

사람들은 내 글을 읽은 후 이렇게 묻는다.
"그래서 남동생은 어떻게 되었어요?"

동생은 병원에서 퇴원한 날 바로 술을 마시고 나를 위협했어요. 다음 날 자고 일어나더니 아무것도 기억하기 싫어했어요. 동생이 휘두른 폭력으로 얼굴에 생긴 흉터를 보여주면서 다시는 아이들 앞에서 이런 모습 보여주지 말 것을 다짐받았어요.

그리고 아빠와 캠프장 가는 게 소원이었던 막내조카의 희망사항을 들이주기 위해 예약한 한강 캠프장에서의 캠핑을 강행했어요. 막내조카는 학교를 쉬고 가족들과 재량학습을 다녀온 친구들이 부러웠다는군요. 막내조카는 엄청 먹어댈 때라 비가 내리는데도 아버지가 구워주는 삼겹살을 끊임없이 먹었고, 제 무릎에서는 손자가 색색 코를 골며 곤히 잠들어 있었지요. 다리가 저려왔고 천막에서는 굵은 빗물이 쉼 없이 떨어져 내렸지만 나는 잠시나마 행복에 취해 있었어요.

그 후로 동생은 약을 한 번도 거르지 않았어요. 그리고 1년에 한 번 정도 술이 생각나면 한두 병 마셔요. 그런데 약 기운 때문인지 바로 몸에서 거부 반응을 일으키며 구토증세를 보인다는 이야기를 막내조카에게서 전해 들었죠. 마침내 동생은 약속한 대로 술을 끊었고 아들이 고등학교를 졸업하는 3년 동안 매일 아침밥을 챙겨주었어요. 교통비, 점심 값이 들지 않도록 집 근처 독서실에서 공부하다 점심을 먹으러 오는 재수생 아들의 점심밥까지 준비해주는 아빠가 되었습니다.

지금은 스마트폰으로 사진 찍는 걸 배워서 가족단톡 방에 사진을 올리는 취미를 즐기고 있고, 손자에게는 용돈으로 동전을 모아서 가져다주기도 해요.

요즘은 엄마의 점심을 차려드린다면서 버스를 타고 주 2, 3회 버스 여행을 하고 있어요. 조금 늦은 감이 있더라도 엄마에게 해드리고 싶은 게 많다니 이제 좋은 아빠에 이어 효자가 다 되었네요.

그렇게 아버지가 된다

목사님.

목요일에 막내조카에게서 장학금을 받았다는 문자를 받았는데 그날은 정명이 ADHD 상담 건으로 하루를 보냈고 금요일은 아이의 인지수업과 언어수업을 따라다니느라 감사 인사가 늦었습니다. 오늘은 놀이치료 후 큰조카 대신 할머니가 정명이를 데리러 왔지요.

노모가 우는 모습을 보면서 저도 마음이 아팠습니다. 늙고 병들어 자식 잘되기만을 바라는 엄마를 바라보는 건 고문과도 같습니다. 혹시 일조량이 모자라서, 비타민 D가 모자라서 우울하니 싶어서 저와 정명이, 그리고 엄마는 모두 경의선 철길공원 산책에 나섰습니다.

날이 좋아서 기분 좋은 땀이 났어요. 정명이를 귀여워하는 마을버스 할아버지가 운전하는 마을버스로 동네 한 바퀴를 돌고 국밥을 먹고 아이스크림을 먹고 헤어졌어요. 아이스크림을 먹을 때쯤 엄마는 겨우 미소를 지었어요.

큰조카가 정명이랑 똑같이 느리게 성장하는 것에 대해 엄마는 묵묵히 책임을 지고 있으나 저는 생각이 다릅니다.

> 두견새가 울지 않으면,
> 노부나가는 때려죽이고
> 히데요시는 울도록 만들고
> 이에야스는 울 때까지 기다린다

엄마가 이에야스라면 저는 히데요시에 가까워요. 언젠가는 깨어 일어나서 자신의 목소리로 울기를 바랍니다.

타인의 경우라면 나쁜 일은 보지 말자고 제쳐 버리면 그만일 텐데 가족은 기다려주고 또 기다려주기를 여러 번 해도 되는 존재로 알아버리는 것일까요?

'아니야 그건 아닐 거야. 단지 시간이 걸리는 사람이 있고 남보다 더 오랜 시간이 필요한 사람들이 공생하는 것이 가족일 거야.'

저는 애써 생각을 이렇게 고쳤지만 기다려주는 쪽도 아프다는 걸 완곡히 표현해야겠기에 이렇게 쓰고 또 씁니다. 그래야 나중에 '내가 늦게 진화하는 동안 내 부모, 내 파트너, 내 자식이 아팠겠구나.' 하고 깨달을 때가 오지 않을까요? 그런 깨달음을 가졌을 때 비로소 진정한 성장이자, 진정한 어른이 되는 것이 아닐까요? 저는 그러길 바라고 있습니다.

그런 의미에서 지난 목요일 병원 가는 일에 동행을 해주었고 병원 소견서가 필요해서 2차 병원을 함께 찾아다닐 때 보여주었던 남동생의 모습에서 새로운 희망을 봅니다. 자신의 일 이외에는 꿈쩍도 하지 않던 동생이 손자를 위해 지루한 대기시간을 참으며 마침내는 진료실까지 함께 들어가서 '공부 못해도 좋으니까 잘 자라주었으면 좋겠다.'는 할아버지로서의 소견을 피력하는 모습에서 안도한 하루였습니다. 이렇게 저희는 2세대에 걸친 변신을 도모하고 있습니다.

그리고 막내조카가 든든한 지원 아래 자신의 길을 갈 수 있도록 응원해주셔서 감사합니다.

유학시절 꼬마친구들, 안과 나나

"이(李)상은 뭐든지 잘해." 하고 영화 토토로의 메이처럼 확신에 찬 어조로 내게 말해 주던 안과 나나. 나의 꼬마 친구들이며 우체국 아줌마의 소중한 딸들. 학교에서 나나가 세계지도를 그릴 때 한국을 가운데에 그려놓는 바람에 담임선생님과 면담을 했다는 후일담을 우체국 아줌마는 웃으며 들려주었다.

여름방학이면 우체국 사택에 초대받아 가곤 했는데 우체국 아줌마 집에 가정교사가 살고 있다는 소문이 났을 정도로 작은 일본 마을. 우체국 아줌마가 바쁜 날에는 졸라대는 아이들의 등쌀에 밀려 안과 나나, 그리고 그 집 아빠, 이렇게 함께 여름 특선 공포 영화를 보러 가기도 했다. 나중에 우체국 아줌마를 만났을 때 그날 밤 아저씨가 악몽을 꾸었다는 이야기를 듣고 사실은 나도 그날 악몽을 꾸었노라고 털어놓기도 했다.

안과 나나, 아이 둘이 집에 남아 엄마가 퇴근하기만을 기다리는 여름방학이면 나도 아이들을 집으로 초대했다. 출근길 엄마의 손을 잡고 내 방문을 두드리던 안과 나나는 엄마가 점심시간이 되어 식사하러 올 때까지 4조 반 다다미에서 나와 함께 숨바꼭질도 하고 여름방학 만들기 숙제도 하고 그래도 심심하면 빵집으로 달려가 유행하던 메론 빵을 사 먹기도 하며 하루를 보냈다.

그들 가족이 있어서 외로움 병에 걸리지 않았고, 그들 가족이 있어서 생일날에도 너절한 기분으로 야끼니꾸 식당의 알바를 마치고 침대에 쓰러져도 슬프지 않았다. 익숙하지 않은 노동에 비록 발바닥에서는 불이 났어도 침대에 걸터앉아 퉁퉁 부은 발을 풀어주며 듣던 생일 축하 메시지에 위로받았다. 자동응답기에서 새롭게 익힌 바이올린으로 연주한 나나의 생일 축하곡이 끼잉끼잉 하고 흘러나올 때는 창밖으로는 가을이 깊어가고 있었다.

안과 나나의 결혼식을 참석한 후로는 오랫동안 만나지 못했지만, 언젠가 나의 손자와 안과 나나의 아이들이 한강에서 뛰노는 그 날을 상상하고 있다.

조각
이별

 지난 일요일에 출판사 대표와 친구 몇이 모여 출판기념회 비슷한 것을 했는데 그 자리에 엄마와 손자도 함께했다.

 엄마는 당신의 딸이 어떤 식으로 사람들과 교우하는지 무척 궁금해 했다. 더구나 친구들이 저자 사인을 받으려 한다는 사실이 엄마를 기쁘게 하리라는 걸 알고 있었다. 하지만 친구들에게는 조금 미안했다. 진지하게 대화하기 어렵고 배려를 해야 할 대상이 한 명도 아니고 두 명이나 등장한다는 것이 실례라고도 느꼈다. 혹여 공사를 구분하지 못하는 사람이라는 오해를 받을까 싶은 자격지심에 개인적인 체험을 친구들 앞에 털어놓았다.

 일본의 한 유명한 연출가가 한국 배우를 초대하여 공연을 올리게 되었는데 마침 신혼 초였던 배우는 일본 공연을 앞둔

김에 일본 측에서 마련해준 비즈니스호텔에 아내와 아기를 함께 머물게 했다. 하지만 아기 우는 소리로 인하여 그 호텔에서 쫓겨날 위기에 처했고 그때 연출자는 노발대발하며 배우의 프로의식을 들먹였다. 일본에 일하러 오면서 어떻게 아내와 아기를 데려왔냐고 물으며 배우를 몰아붙였다. 나는 연출자의 말을 모두 통역해야만 하는 상황에 놓여 있었다. 만약 나라면, 나였다면 비즈니스호텔에서 쫓겨나게 될 배우의 가족에게 자신의 방 한 칸이라도 내주었을 텐데. 연극으로 먹고사는 가난한 배우가 언제 또 일본에 오게 될지도 모르는 일이니 말이다.

또 한 가지 에피소드는 건축가 승효상 선생님을 인터뷰할 때의 일이다.

"선생님을 만나 뵙고 싶어 하는 친구가 기다리고 있으니 그 친구를 위해서 『오래된 것들은 다 아름답다』와 또 다른 한 권의 책에 사인을 부탁드려도 될까요?"라고 여쭙자 즉각 돌아온 대답은 예상 밖이었다.

"같이 오지 그랬어요?"

그런 답을 주실 줄 전혀 기대하지 못했는데 일본 연출가와 너무나 대비되는 반응에 그 후로 승효상 선생님을 존경하게 되었다는 에피소드를 전했다. 이는 출판을 기념하는 자리에 청각장애가 있는 엄마를 모시고 와서 사람들의 대화를 중간에서 큰소리로 전달해야 하는 미안한 마음을 대신하고자 하는 의도였다.

그러나 더 솔직히 말하면 평소에 생각했던 나의 소신을 행동에 옮긴 것이었다. 이별 후에 애달파하느니 이별 전에 할 수 있는 모든 걸 해보겠다고.

지팡이를 짚고 집으로 돌아가서 낮잠을 주무시듯이 돌아가시는 것이 나와 엄마와의 마지막이 되면 어쩌나 하는 불안이 있다. 엄마와 나의 만남은 주일예배가 마지막이 될 수도 있고, 아니면 출판기념회가 마지막일 수도 있다.

이왕이면 지금까지 나와 남동생을 돌보느라 숨이 턱에 찼을 엄마를 매 순간 잘 떠나보내는 마음으로 대한다. 이른바 조각 이별을 준비한다. 조각 이별이 모이고 모이면 마침내 죽음의 인식조차 더는 비극이 되지 않으리라.

알베르 까뮈가 말했던 '행복한 죽음'처럼 마지막 이별조차 가벼워지지 않을까 하는 바람이 앞선다.

어쩌다 우리는 부모 자식의 인연으로 만나 최선으로 살다가 이별을 하는 거라고. 만나서 반가웠다고 그리고 고마웠다고. 모든 만남은 그렇게 순한 끝맺음을 해야 하지 않을까 하고 말이다.

3장.

조카손자아들 정명이의 ADHD

놀이 선생님 말씀에 의하면 엄마와 떨어지던 네다섯 살 때 보였어야 할 감정들이 이제 막 올라오는 거란다. 충분히 느끼고 표현해야 할 감정들 말이다. 인지 선생님께서는 아이가 엄마를 찾으며 울 때는 울게 내버려 두라고 했다. 그럴 때는 울음이 그칠 때까지 안아주다가 울음이 그치면 이렇게 알려주라고 했다.

"오래 울었으니까 힘들 거야."라고.

아이스
녹차라떼

 고모엄마, 정확히는 고모할머니엄마입니다. 아이스녹차라떼처럼 고모엄마라는 이름이 낭만적이기까지 합니다.

 조카손자는 다섯 살이에요. 아이의 작은 손을 잡고 놀이터로 동물원으로 어린이 도서관으로, 전철을 타고 버스를 타고 달린 거리가 얼마나 될까요. 큰조카는 아직 엄마가 될 준비가 안 되었어요. 그도 그런 것이 어려서 엄마가 집을 나간 이후 큰조카는 엄마와 아빠의 빈자리를 친구들과의 교제로 메우려 했고 마침내 사랑하는 사람의 아이를 가졌지만, 지금은 아이의 장래를 혼자 책임져야 하니까 도망치고 싶었을 겁니다. 어쩌면 아이 때문에 자신의 미래가 불투명해졌다고 생각했을지도 모르고요.

 그러니까 제가, 큰조카가 엄마가 되는 연습을 하는 동안, 회사에 나가서 일하는 낮 동안 손자를 돌보면서 엄마를 대신해 주기로 했지요. 할 수 있는 말이 엄마밖에 없었을 때 손자는 고모할머니인 저를 엄마라고 불렀으나 크면 자연히 알게 되겠지 하고 그냥 내버려 두었답니다. 아이가 자라면서 평생 '엄마'라고 불러야 할 총량이 있다면 엄마와 애착 관계가 형성될 시기에 실컷 엄마, 엄마를 부르게 내버려 두자고요.

그러므로 저는 고모엄마입니다. 손자와 보내는 날들은 평범한 엄마들처럼 매 순간 경이롭고 감탄할 일들로 가득하지요. 그리고 아이는 늘 저에게 숙제를 내줍니다. 며칠 전 이야기예요.

월드컵경기장에 갔을 때였죠. 초승달과 별이 떴는데 손자가 "와, 별이다!" 하더군요. 웅. "별님이랑 달님이 떴네."라고 대답했더니 "달이 아닌 거 같은데…." 하면서 손자가 고개를 갸우뚱합니다. 둥근 달만 달이고 반달, 초승달은 별이라고 생각하나 봐요. 저는 아직도 초승달과 반달, 둥근 달이 모두 같은 달이라는 설명을 하지 못하고 있어요. 그래서 이것저것 책을 찾아 읽고 있습니다. 달에 대한 이야기를 해주려고요.

그러던 중 그림책 큐레이터 제님 작가의 『포근하게 그림책처럼』에서 에릭 칼의 『배고픈 애벌레』를 알게 되었고, 그의 작품 중에 『아빠 달님을 따 주세요』라는 책도 알게 되었죠. 다음 주에는 손자의 손을 잡고 어린이 도서관에서 에릭 칼의 그림책을 빌려 올까 합니다.

아빠 없이 자라는 손자가 사랑받지 못하고 크는 게 아닐까 늘 조바심을 냈지만, 그런 마음이 전해졌는지 "어디가 제일 예뻐?"라고 묻자 손자는 벌떡 일어나서 포동포동한 검지로 "여기, 여기." 하며 머리부터 발끝까지 가리킵니다. 안 보이는 등은 펭귄의 짧은 지느러미발 같은 손으로 어깨 위로 올리며 뛰기까지 했습니다. 마치 춤을 추고 있는 것 같았죠. 그때 저는 감동했어요. 자신이 사랑받고 있는 걸 이렇게 표현하는구나 하고.

다음 에피소드는 육아 문제로—대개 제 엄마와 저는 손자를 서로 더 잘 안다는 듯 행동할 때가 있지요. 낮잠을 지금 재우느냐 마느냐, 밥 대신 간식을 먹어도 되느냐 안 되느냐 설핏 잠든 아이를 깨워서 이를 닦여야 하느냐 마느냐로 팽팽하게 대립을 합니다—제가 엄마에게 토라져 있을 때였습니다. 우린 길을 걷고 있었어요. 지팡이를 짚은 할머니(아이에겐 증조할머니)가 뒤에서 걸어오셨죠. 우리보다 걸음이 늦는 할머니를 신경 쓰며 손자가 말합니다.

"할머니는 예뻐서 누가 데려가면 안 되니까 기다려야지~."

그러고는 할머니께 달려갑니다. 육아 문제로 화가 났던 저는 달달한 차를 마신 것처럼 마음이 녹았지요.

이런 에피소드도 있습니다. 월급을 살짝 속여서 용돈으로 써왔던 큰조카와 할머니가 다툰 다음 날이었어요. 둘 사이에 언성이 높아지자 할머니는 증손자가 불안했겠다 싶어 이렇게 말했지요.

"할머니가 화내서 미안해. 너한테 화난 게 아니야…."

그러자 조카손자가 말합니다.

"괜찮아. 내가 더 미안하지…."

'괜찮아, 내가 더 미안하지.'라는 말을 듣고 할머니는 손자를 꼭 안아주었답니다. 그의 나이 다섯 살, 만 3세. 고작 49개월 된 아이의 말이라고는 믿어지지 않았죠.

마지막으로 얼마 전에 있었던 일을 전할까 합니다.

강추위가 여러 날 계속되고 있었어요. 손자와 저는 장을 보러 나가는 길이었습니다. 손자가 좋아하는 킥보드를 타고서요. 그때 배웅 나온 할머니께 조카손자는 외쳤죠.

"추운데 들어가세요~."

요즘이 자아발달 시기라서 그런지 유난히 말을 안 들을 때가 있어요. 고집부릴 땐 고집을 꺾어주어야 하나 그냥 내버려 두고 스스로 바른 행동을 할 때까지 기다려야 하나 망설일 때가 있지요. 일관성 있게 해야 할지 융통성을 발휘해야 할지 도무지 알 수가 없을 때가 있거든요. 시간에 쫓겨서 대부분 왜 고집을 부리게 되었는지 탐색하기보다는 화를 낼 때가 자주 있어요. 손자를 더 많이 안아주고, 예뻐하고 사랑해야겠어요.

아이스녹차라떼 고모할머니엄마는 다짐을 하기 위해 손자의 에피소드를 이렇게 정리해 둡니다. 아이가 미운 짓을 하면 찾아서 읽고 다시 마음을 다지기 위해….

엄마가 아니잖아

어제 잠자리에서 손자가 말했다.

"엄마가 아니잖아."

손자의 말을 듣고 막내조카가 중3 때 "다른 엄마들은 달라요."라고 투정부렸던 일이 생각났다. 큰조카는 손자나 막내조카와는 다른 방식으로 '엄마'라는 존재의 부재를 드러냈다. 조용히 자라던 큰조카는 고2 겨울방학 때 집을 나가버렸다. 엄마이자 엄마가 아닌 나는 혼비백산하여 아이를 찾으러 다녔다.

손자는 여섯 살 무렵부터 타인과 자신을 비교하여 말할 줄 알게 되었다. 그런데 내 반응이 두 조카를 기를 때와는 달라졌다. 막내조카 때는 "다른 엄마는 안 그래요."라고 말했을 때 가장 먼저 이런 생각이 들었다.

'나중에 네가 훌륭한 어른으로 자라게 되면 "키워줘서 고마

워요." 하고 인사하기보다 "다른 엄마는 안 그래요!" 했던 말을 두고두고 후회하겠지.'

하지만 다음에 든 생각은 사춘기를 그냥 지나치나 걱정했는데 건강하게 잘 자라주었다. 이런 말을 할 정도로 나와 애착 관계가 형성되었다는 것에 감사했다.

시간으로 따지면 큰조카는 막내조카가 "다른 엄마는 안 그래요."라고 말하기 1년 전 이미 집을 나갔다. 아무 말 없이 행동으로 밀어붙인 큰조카의 일탈 행위에 적잖이 당황했다. 큰조카가 가출한 후에야 내가 큰조카를 얼마나 애지중지 여겼는가를 깨닫게 되었다. 평상시에는 전혀 느끼지 못했던 새로운 감정이었다. 왜 큰조카에게 너그럽지 못했는지 후회했다. 조용했던 아이의 갑작스러운 일탈로 나는 몹시 마음이 아팠다.

누군가에게 뺨을 철썩하고 맞은 듯한 모멸감마저 들었다. 마침내 집으로 돌아온 큰조카의 고등학교 졸업식에서 나는 영화 〈25시〉의 앤서니 퀸처럼 입은 웃고 눈은 울고 있었다.

조카손자는 어젯밤 시큰둥한 목소리로 "고모는 엄마가 아니잖아." 하고 귀에 속삭였다.

낮에 어린이집 퇴짓길에서 만난 친구가 엄마에게 착 붙어 있는 걸 나도 보았고 손자도 보았다. 늘 함께 밥을 먹고, 함께 씻고, 함께 자고, 함께 웃는 처지라 손자 입에서 그런 말을 듣고 나서야 비로소 낮에 있었던 그 장면을 떠올릴 수 있었다.
"응 맞아. 난 엄마가 아니야. 그런데 엄마이기도 해. 엄마가 회사에 일하러 가 있는 동안은 내가 엄마야. 네 이름이 정명이이고 마테오이기도 하듯이 이름이 두 개야 고모, 엄마."
 손자는 뭐 설명까지야 필요하냐 하는 얼굴로 빈 젖병을 무는 입 모양을 몇 번 하더니 이내 잠들었다.

구보타씨 와의 하루 ①

하루

　동화작가 구보타 씨가 2박 3일 짧은 일정으로 서울에 체류하고 있었다. 교보문고에 함께 가기로 한 날. 손자를 어린이집에 데려다주고 약속 장소인 '토요코인 호텔' 로비에 10시 반까지는 도착해야 했다.

　문제는 손자가 서두르는 내 마음을 알기라도 하는지 어린이집에는 안 간다며 떼를 쓰는 것이었다. 타일러도 보고 으르렁거리며 화를 내기도 했지만 소용없었다. 단조로운 일상에서 구보타 씨와의 서점 동행을 내심 즐거워하며 기대했던 터라 청색 바바리코트 드라이도 했는데, 청색 코트에 회색 바지를 치러입은 내 어깨에는 노란색 어린이집 가방이 기부이 등치럼 붙어 있었다.

　따지고 보면 부모하고 있어야 할 시간을 종일 남의 손에만 맡겨서 될 일도 아니다.

"아들아 서점에 가면 동화책이 많으니까 재미있을 거야. 그리고 한국어가 아닌 다른 나라 말을 듣는 것도 재미있을 거야. 말을 잘 들으면 아이스크림도 사줄게."

그렇게 해서 구보타 씨와 손자와의 하루가 시작되었다.

교보문고에 도착한 우리 셋의 목적지는 그림책이 있는 곳이었다. 교보문고 직원들은 친절했다. 구보타 씨가 원하는 책을 통역하자 한국의 여러 그림책을 소개해 주었다.

그중에서 『파도야 놀자』라는 이수지 작가의 책을 마음에 들어 한 구보타 씨는 이번에는 이 작가의 다른 그림책을 보고 싶다고 했다. 이번에도 교보문고 직원들의 도움으로 『거울 속으로』, 『그림자 놀이』, 『동물원』, 『이상한 나라의 앨리스』, 『토끼들의 복수』를 차례차례 훑어보았다.

손자는 신발도 벗고 양말도 벗고 마치 어린이집에 와있는 것처럼 한쪽에 마련된 아이들을 위한 공간에서 소리 나는 그림책을 여러 권 가져다 놓고 있었다. 동물 소리, 음악 소리, 전화벨 소리가 나는 동안 나는 손자의 안녕을 걱정하지 않아도 됐다. 잘 놀고 있다는 뜻이니까.

구보타 씨는 『파도야 놀자』에 실린 그림들을 오랫동안 들여

다보더니 할 이야기가 많아 보이는 얼굴이었다. 그의 직업은 대학에서 동화작가가 되고 싶은 학생을 대상으로 강의를 하는 것이니까.

『그림자 놀이』를 펼치며, "이 책에 있는 그림자를 거울에 비춰보면 현실과 같이 보이도록 만들어졌군요." 하며 즐거워했다. 새 학기(일본은 4월에 학기가 시작된다)가 시작되면 수업에서 이수지 작가의 그림책이 대거 등장하지 않을까 싶을 정도로 많은 책을 샀다.

이윽고 점심시간. 우리는 거리를 거닐다 삼계탕집으로 들어갔다. 마침 어린이집 가방에 어린이용 식판이 있던 터라 식판에 고기와 밥을 덜어주고 손자 혼자서 먹게 했다.

아이는 맛있게 먹었다. 김치도 달라고 했다. 빨간 김치를 빈 밥공기에 담긴 물에 씻어서 잘게 찢어 수저에 얹어주자 구보타 씨는 신기해했다. 한국 아이가 매운 김치를 먹을 때 물로 씻어 먹는 것을 처음 보았기 때문이었다.

날씨가 쌀쌀했다. 계획대로라면 우리는 〈윤동주문학관〉에서 오후를 보낼 참이었다. 그런데 아이의 낮잠 시간과 겹쳤다. 구보타 씨는 어디 카페라도 가서 오늘 산 이수지 작가의 책들을 번역해 주길 바랐다. 낮잠 시간인 아이와 책 번역이라니. 너무도 어울리지 않는 오후의 주문이면서 동시에 가능할 것도 같은 주문이기도 했다. 아이가 잠든 사이 그림책에 있는 텍스트를 구보타 씨에게 이야기해 주면 되었다.

옷 속으로 스미는 매운바람을 맞으며 우리는 온돌이 있는 찜질방으로 향했다. 동대문에 있는 찜질방은 마치 외국에 온 것처럼 중국어와 일본어가 허공에 떠다녔다.

아무것도 준비되어 있지 않은 나는 보디샴푸를 하나 사서 아이와 둘이 나누어 머리부터 발끝까지 닦은 다음 따스한 온탕으로 아이를 이끈다. 올챙이처럼 엎드린 아이의 가슴을 받치니 힘껏 발차기를 한다. 깔깔대며 물보라를 만들고 자신의 작은 손으로 반쪽짜리 세수도 하고 나에게 안겨 내 목에 대롱대롱 매달린 목걸이의 작은 펜던트를 만지작거리다가 내가 쓴 안경을 벗겨서 자신이 써보기도 한다. 마치 오랑우탄처럼 호기심 가득한 눈을 하고.

이윽고 하품을 시작한 아이를 데리고 온돌이 있는 찜질방에서 기다리고 있는 구보타 씨에게 갔다.

아이에게 아이스크림을 사주며 아이스크림을 먹으면 낮잠을 자는 거야 하고 약속을 했다. 아이스크림 먹기를 끝마치고 입 주변을 깨끗이 닦은 아이에게 나는 속삭였다.

"자, 이제 가서 자는 거야."

아이는 잠을 잘 때 담요가 있어야 잔다. 나는 찜질복 위에 입고 있던 아이보리 색 카디건으로 아이의 담요를 만들어주자 아이는 순순히 온돌에 누워 뒹굴뒹굴하다가 잠이 들었다. 구보타 씨는 먼저 『파도야 놀자』를 펼쳐 책장을 넘기고 있었다.

테이블에는 종이와 펜이 놓여 있었다. 이때 중국인 남자가 다가와 구보타 씨에게 말을 걸었다. 남탕이 어디인가 묻는 것일 텐데 말이 안 통하는 구보타 씨가 일어나 직접 중국인을 남탕으로 안내했다. 그가 돌아올 때까지 나는 책들을 살펴보고 있었다. 구보타 씨가 돌아와서 자리에 앉자 나는 『파도야 놀자』의 짧은 텍스트를 번역해 주었다. 이때 또 다른 중국인이 내 눈앞에 물통을 흔들며 중국어로 물었다. 내가 알아들을 수 있는 건 '마이러'. '사다(買)'라는 뜻이다. '아, 물을 사고 싶은데 어디에서 파는지 묻는구나.'

이번에는 내가 일어서서 매점을 안내했다. 다시 돌아와서 다른 책들을 살펴보지만 이 그림책에는 텍스트가 거의 없었다.

우리는 자연스럽게 올해 탄생 120주년이 되는 미야자와 겐시와 오사기 비도리에 대한 화제로 옮겨있다.

두 작가는 소리를 들으면 빛깔이 느껴지는, 두 개 이상의 감각을 하나의 이미지로 통합하는 공감각이 뛰어났다고 한다.

미야자와 겐지가 4차원을 이야기했다면 오사키 미도리는 7감(七感)에 대한 시를 썼다고 한다. 7감이라는 것이 무엇인지 잘 모르겠기에 집에 와서 찾아보았더니 어떤 한의사의 인터뷰에 이런 설명이 있었다.

> 칠감이란 우리가 알고 있는 오감(시각, 청각, 후각, 미각, 촉각의 다섯 가지 감각)에다가 소뇌의 위치 감각. 즉 눈을 감은 상태에서도 어느 손을 들었는지 아는 감각과 전정신경계의 평형감각을 통틀어 칠감이라 한다.

그러나 오사키 미도리가 말하고 있는 7감과는 약간 거리가 있는 설명이었다.

내가 흥미로워 하자 구보타 씨는 하마노 사치 감독이 오사키 미도리에 관한 영화를 만들었으며 기회가 되면 DVD를 구해 보내주겠다고 했다. 오사키 미도리 작품은 에코다 문학지 의뢰로 2009년에 단편 「귀뚜라미 아가씨」를 번역한 적이 있는데 그중에는 이런 내용이 있었다.

> 저는 일 년 내내 귀뚜라미에게 신경이 쓰여요. 게다가 저는 일 년 내내 도움이 되지 못하는 일만 생각하게 됩니다. 하지만 이런 생각에도 빵은 필요하지요. 그러므로 저는 연중 전보로 엄마를 놀라게 하지 않으면 안 됩니다.

편지나 엽서는 낯간지럽고 귀찮습니다. 엄마는 시골에 살고 있지요. … (중략) … 어머니란 그 어떤 세상에서도 그다지 좋은 배역은 아닌 것 같습니다. 딸이 정신병을 앓으면 어머니는 몇 배나 되는 마음의 병에 걸려버리기 때문입니다. 아아, 피오나 맥클리오드! 당신은 여류시인으로서 살아 있는 동안 과학자에게 하나의 주문을 하고 싶었던 적이 없었나요—안개를 마시며 사람의 생명을 유지하는 방법. 저는 연중 그것을 바라고 있습니다.

번역하는 내내 오사키 미도리의 비명이 들리는 것 같았다. 공감각이 뛰어난 오사키 미도리는 귀뚜라미 소리에 밤이면 잠 못 이루고 괴로워했으리라. 마치 뭉크가 죽을 것 같은 발작 상태로 빠지게 한 노을을 보며 '절규'를 했던 것처럼. 뭉크 또한 강렬하게 불타고 있는 하늘을 보며 온몸이 타들어 가는 것을 느꼈던 것은 아닐까. 이들은 소리와 색을 보고 반응한다. 이 소리와 색이 언어로 또는 그림으로 표현될 때 가공할 만한 힘으로 폭발하는 것이다.

구보타 씨와의 대화는 그를 만나기 바로 전날까지 이어지던 노동—뷔페 홀에서 빙글빙글 춤을 추는 것처럼 쉴 새 없이 접시들을 나르고 뛰어다녔기에 근육통으로 욱신욱신 쑤시던 내 육체의 고통으로 잠시 잊고 있었던 여러 가지 감각들을 일깨웠다.

'그래 조금 더 부지런히 책을 읽자, 조금 더 시간을 내서 일본 작품을 소개하는 데 에너지를 쏟자. 조금 더 잠을 줄여서라도 글을 쓰자.'

낯선 찜질방에서 한 시간 반을 푹 자고 일어난 손자가 아직 잠이 덜 깬 상태로 일어나 앉았다. 구보타 씨와 이야기는 하면서도 계속 잠든 아이를 주시하고 있었기에 아이를 바로 안았다. 아이의 발그레한 볼이 내 가슴에서 나는 심장 소리를 느끼고 있었다.

"잘 잤니?"

엉덩이와 등을 토닥여주었다. 아이는 내 손길에 몸을 맡긴 채 가만히 있었다.

구보타 씨의 제안으로 우리는 저녁을 먹고 헤어지기로 했다. 우리는 만둣집에 들어가 칼국수와 갈비만두와 튀김만두를 시켜서 나누어 먹었다. 아이는 갈비만두를 여덟 개나 먹어서 우리를 놀라게 했다. '소리가 나는 뽀로로 그림책을 사주셔서 고맙습니다.' 하고 인사하게 하자 아이는 "할아버지 고맙습니다." 했다.

전철을 타고 집으로 오는 동안 아이는 계속 질문을 했다. 그러다가 전철에 앉은 사람들을 가리키며 "얘는 어디 가?" 하고 물었다. 처음에는 누구를 말하는지 몰라서 누구냐고 되묻자 전철에 앉은 사람들에게 하는 소리였다.

〈아기 공룡 둘리〉를 너무 보여주었나? 길동이와 둘리와 도우너가 '얘'라는 말을 자주 사용하니까 손자는 모든 사람을 '얘'라고 부르는 거라고 학습했던 것이다.

"얘라는 말은 어린이집에 있는 친구한테 쓰는 거야. 아저씨나 아줌마는 얘라고 부르지 않는 거야. 아저씨는 어디 가는 거야, 누나는 어디 가는 거야 하고 말하는 거야. 그리고 저녁이 되면 사람들은 전철을 타고 집으로 가는 거야. 네가 지금 집으로 가는 것처럼."

아이는 내 말을 알아들었는지 어땠는지 눈을 깜박이며 창가에 붙어서 어두운 터널에 가려 거울이 되어 버린 유리창에 두 손을 올린 채 제 얼굴을 바라보고 있었다.

구보타씨 와의 하루 ②

재회

 손수건으로 안경을 닦으면서 접시에 이가 나간 것을 발견했을 때처럼 그냥 깨달았다. 어쩌면 이것이 마지막 만남이 될지도 모르겠구나 하고. 구보타 씨와의 짧은 여행 후 집으로 돌아와서야 깨달았다.

 3년 만의 재회였다. 구보타 씨는 췌장이 움직이지 않아서 탄수화물 분해를 못 시키기에 50g 정도의 밥을 먹는다고 했다. 그는 건강에 문제가 생긴 이후 술자리는 나가지 않고 거의 성직자와 같은 바른생활 덕분에 책 읽을 시간이 많아졌다고 웃었다. 실감이 나지 않는 병이었기에 따라 웃었다. 약속 장소는 '토요코인 호텔' 2호점 로비였다. 보온병이 담긴 가방을 내려놓으면서 모자를 벗자 늘 무표정에 가깝던 구보타 씨가 짧게 자른 나의 회색 머리를 가리키며 눈을 동그랗게 떴다. 손자가 벗어버린 마스크와 장갑과 목도리를 한번 들었다 놓았다.

그의 이번 방한 목적은 청주〈고인쇄박물관〉견학이었고 나는 그의 길동무를 자청했다. 물론 손자도 함께.

KTX를 타기 전에 구보타 씨가 건넨 것은 시미즈 선생님의 '도스또예프스끼 연구 50주년을 기념'하며 만든 책자였다. 선생님의 『미야자키 하야오 세계로의 초대』와 『도스또예프스끼가 말하지 않은 것들』을 번역한 나도 한 꼭지 썼고, 구보타 씨 원고도 실려 있어서 우리는 '시미즈 월드'에 대해 열심히 이야기를 나누었다.

"시미즈 선생님은 러시아 문학 연구가들에게 인정을 받지 못하는 것 같던데 구보타 씨는 어떻게 생각하세요? 러시아어를 원어민처럼 구사하지 못한다는 비판도 받고 있잖아요. 문학자들이 높은 성벽을 쌓고 자신들과 다른 연구자는 배척한다는 생각이 들어요."

"일본은 외국어에 대한 콤플렉스가 있어서 그래요. 에도시대에는 좋아한다는 말은 있어도 사랑한다는 말이 없었어요. 메이지 시대에 외국 문학 하자, 외국어 전문가가 번역어를 새로 만들었거든요."

과연 구보타 씨 다운 답변이었다. 자신이 애정하는 교수에 대한 비판을 모르는 척하지도 않고 사회적 맥락의 조명도 잊지 않았다.

"『도스또예프스끼가 말하지 않은 것들』을 시미즈 선생님과 똑같이 한 줄 한 줄 읽으며 옮겼잖아요. 그 작업은 도스또예프스끼 읽기의 재미를 더해주었어요. 딸이 몸을 판 돈으로 술을 마셔버릴 수밖에 없는 마르멜라도프의 고통, 의붓딸을 팔아서 자신의 아이들을 먹이고 입혀야 하는 까체리나의 고통, 어쩌면 자신의 의붓딸 소냐가 몸을 판 첫 남자일지도 모를 상관이 남편 마르멜라도프를 복직시켰을 때 기뻐하는 까체리나의 이중적인 모습, 그리고 그 더러운 돈을 한 푼도 남김없이 술로 마셔버리는 마르멜라도프의 절망을 말이죠."

구보타 씨가 웃으며 화제를 바꿀 때도 나는 그의 췌장에 대해서는 까맣게 잊고 있었다. 희끗희끗한 수염으로도 야윈 뺨을 감출 수는 없었다.

호텔 앞까지 바래다주고 작별인사를 하고 나오는데 그가 다시 나와 손자를 배웅하러 전철 출구까지 따라 나왔다. 바로 전에 로비에서 한가롭게 발장난을 치며 앉아 있는 손자를 바라보며 경도지적장애로 언어치료를 받는다고 해서 걱정했는데 건강해 보여서 정말 다행이라고 구보타 씨가 두 번이나 반복해서 말했을 때조차 어쩌면 이것이 마지막 만남이 될지도 모르겠구나 하는 생각은 전혀 들지 않았다. 그저 내 눈앞에는 수척해진 한 사람의 동화작가가 코앞의 어린이가 짧은 다리로 종종걸음을 치며 멀리 청주의 〈고인쇄박물관〉까지 함께 다녀와 준 것에 대한 감사의 인사로만 생각했다. 언제나 어디서든 만날 수 있는 작별이라고….

구보타 씨가 췌장 문제로 생명에 얼마나 위협을 느끼고 있는지 나는 모른다. 다만 그와 헤어지고 돌아와 노안으로 침침한 눈을 비비며 낮 동안의 대화를 떠올려보며 짐작할 뿐이었다. 생각해보니 구보타 씨가 자신에 대해서 말한 것은 십여 년 동안 처음 있는 일이었다. 그의 집은 아직도 저녁이면 촛불을 켠다고 했다. 그의 세례명은 루카(빛난다는 의미). 저녁 식사 중에 루카가 이런 일화를 들려주었다.

"러시아 사람들에게는 미덕이 있는데 사람들이 힘들다고 할 때 묵묵히 듣고만 있다가 나중에 편지를 쓴대요. '이 화폐는 아주 오래된 것인데 짐 정리하다 발견해서 당신에게 드리는 겁니다.'라고 한다고. 내가 너에게 준다라고 하지 않고 드린다는 표현을 한다고."

얕은냄비에서 닭 한 마리가 부글부글 끓고 있었다. 겨울엔 역시 뜨거운 국물이 최고야. 하며 내가 후룩후룩 국물을 마시고 있었다. 그러다가 문득 돌아가신 할머니 생각이 나서 말했다.

"그런 문화는 한국에도 있어요. 저희 할머니도 그러셨던 것 같은데. 저도 비슷한 경험이 있어요. 저는 돈을 책 틈에 잘 끼워두는 편인데 가끔 잊어버리고 있다가 책을 펴면 돈이 나올 때가 있어요. 선배에게 책을 주기 전에 한 번 주르륵 훑어봤는데 거기서 돈이 나오는 거예요. 그래서 편지를 썼어요. 이 책에서 나온 돈이기에 함께 보낸다는. 그런데 저의 결말이 좀 세련되지 못해요. 아 글쎄 다음에 만날 때 선배가 돈을 돌려주는 거예요. 제 마음도 모르고…."

루카의 눈동자가 뿌옇게 흐려지는 것을 바라볼 때까지 나는 그의 췌장에 대해 잊고 있었다. 그저 동화작가는 감수성이 참 좋구나 하고 감탄할 뿐. 죽음을 눈앞에 둔 사람의 언어는 깊이 읽기를 해야 한다. 그렇다고 단정적으로 죽음이 문턱에 와있는 건 아니겠지만 말이다. 어쨌든 지병으로 죽음을 늘 인식하며 사는 사람의 언어는 새겨들어야 한다.

루카가 건넨 넓적한 봉투. 그 속에는 18년 전에 사용했던 한국 돈이 들어있었다. 자신이 짐 정리를 하는데 어디에선가 나왔다고. 그러고는 아무 말도 없이 웃고 있었다. 그 미소가 세련되어서 나도 세련된 미소를 지으려고 애썼다.

'루카, 방금 러시아 사람들 이야기는 지어낸 건가요?' 하고 말하려던 것을 꿀꺽 삼켰다. 그리고 나서 '저녁밥을 미리 계산해서 다행이야.' 하고 안도하는 것이었다.

'뭐야 나는 최인호의 술꾼처럼 이 사람 저 사람의 술잔을 받아 홀짝홀짝 들이키고 있는 건가.'

이런 자의식, 이런 순간에는 없어졌으면 좋겠다. 나도 러시아 사람들처럼 대륙 사람답게 하하하 웃으며 친구의 진심을 받아들이도록 최선을 다해야 하는 것이다. 그리고 배울 수 있다면 주어진 삶을 감사하며 살아가고 싶다.

*러시아 민화를 다시 쓴 구보타 씨의 동화는 2019년에 러시아에서 출간되었다.

구보타씨 와의 하루 ③

편지

손자에게는 〈이웃집 토토로〉의 나라 아저씨로 불리는 구보타 씨의 메일은 그의 건강을 진심으로 걱정하던 내 마음을 알기라도 하듯 건강하고 따스했다.

이(李)상, 감사합니다! 마이너스 8도의 서울 여행은 매우 가치가 있었어요. 손자의 건강한 모습도 기뻤습니다. 어린이에게는 자애와 같은 사랑이 필요하지요. 바다를 사이에 두고 있어도 정은 보이지 않는 실로 이어지고 있는 거예요. 저의 시가 곡이 되어 지난 11월 4일 가와구치 시 홀에서 초연되어서 여기 그 음원을 첨부합니다. 가나이 선생님이 이끄는 혼성합창단이 불렀습니다. 청주의 직지 박물관에 가는 것은 저의 오랜 염원이었습니다. 구텐베르크가 금속활자의 최초의 장인이라고 일본 교과서에서 배웁니다만, 수 세기 전 조선에서 벌써 만들어져 있었다는 것은 중요한 발견입니다. 조속히 우리 후배들에게 수업에서 전하겠습니다! 마음의 등불을 보이는 형태로 실천하는 것. 눈에 보이지는 않지만 진실은 있습니다! 이제 마로즈(러시아어로 혹독한 추위라는 의미)가 계속되니 마음이 따뜻하기를!

오랜 세월, 구보타 씨는 그냥 아는 시인이며 동화작가였으나 그의 글에서 우리가 고단하게 건너왔던 청춘의 한가운데를 기억하고, 서로의 성장을 지켜보고, 앞으로의 갈 길을 이야기하는 동안 어느 사이 친구가 되어있었다는 걸 확인하는 순간이었다.

그의 시가 노래가 되어 방안에 흐르는 동안 나의 마음의 때가 벗겨지는 듯한 느낌이 들었다.

코~ 자야
아침이 오지

 손자의 손을 잡고 버스를 타고, 전철을 타고 달린 시간과 거리를 계산하면 얼마쯤 될까. 많이 보고, 많이 느끼길 바라며 아이의 작은 손을 이끌고 한강에도 가고, 동물원에도 가고 대형마트에도 가고, 서점에도 가고, 시장에도 가고, 어린이 도서관, 이모할머니 댁에도 가면서 아이의 성장을 관찰하는 일은 큰 즐거움이다.

 손자의 세계에는 단순하면서도 순도 높은 예술가적 호기심이 들어 있다. 아이와 함께 하는 동안 마치 낯선 곳을 여행하는 기분, 새로운 것과 만나는 떨림, 발견이 있다.

 한여름의 놀이터는 얼마나 신비로운 곳인가. 각종 벌레의 이름을 알아가는 길이기도 하고 태어나서 처음으로 생명이 있는 것들을 만지고, 느끼고, 때로는 작은 발로 개미의 뒤를 밟

다가 짓궂게 죽여버리기까지 하는 공간이다. 그럴 땐 기회를 놓치지 않고 아이에게 생명의 소중함을 알려주는데, 한편으로는 아이 앞에서 작은 벌레인 모기를 죽이며 아무런 설명을 하지 않아도 되는 건지 한 번쯤 망설이기도 한다.

이사한 지 3개월이 되던 어느 날부터 어린이집 알림장에 꼬박꼬박 쓰던 답글을 쓰지 않게 되었다.

이웃집 아이의 일이었으면 네 살이라면 흔히 있는 일로 가볍게 지나갔을 일이 내 아이 처지가 되고 보니 묘했다. 아이의 일과를 알림장으로 읽는 재미가 있었다. 그러나 그 일과 중 일부분이 '친구를 괴롭혔어요, 놀이를 마치는 시간에 더 놀고 싶어 하며 말을 듣지 않아요. 선생님을 발로 찼어요.'라는 글로 채워진다면 고민하지 않을 부모가 누가 있을까.

열심히 답글을 적었다. 그리고 네 살 아동이 자신의 고집을 부리며 바닥에 누워 떼를 쓸 때 어떻게 반응해야 할지 궁리했다. 적어도 친구가 자신이 하는 행동을 싫어하는 것을 인지해야 하는 것이 우선이어야 했다.

일요일 아침 손시를 내리고 동원하여 선생님과 이런 깃들을 상담할 생각이었다. 그러나 상담이 아니라 보호자인 나에게 아이의 나쁜 행동을 꼬치꼬치 일러바친다는 느낌을 받았다.

내 앞에 분명 아이의 선생님이 계셔야 하는데 선생님의 얼굴이 차츰 조카 또래의 어린 여자로 보이기 시작했다. 아이에 대한 애정과 성장에 대한 배려가 있다면 적어도 손자가 없는 자리에서 내게만 귀띔해야 좋았을 말들….

선생님의 마지막 말이 집으로 돌아와서까지 생각났다. 금요일 알림장에 내 답글에 곧바로 대답을 하지 못 한 이유가, 아이에 대한 상담을 직접 만나서 해야 하는데 할머니와 해야 할지, 어머니와 해야 할지, 아니면 고모할머니와 해야 할지 망설였기 때문이라는 것이다.

나는 원장선생님께 문자를 드렸다.

아침에 노랑반 선생님과 상담을 했는데 아이가 선생님께서 자기 잘못을 저에게 이르는 거라고 오해할까 봐 걱정되었어요. 알림장에 답글도 없고, 전화상담도 없이 막 바로 아이 머리 위로 쏟아지는 단점만 듣고 월요일을 시작하려고 하니 살짝 안타까운 마음이 듭니다. 사실 자기 주장이 강한 이 시기를 어떻게 대처해야 할지 좀 힘이 들어서요…. 답은 '사랑으로'인데 과정이 어려운 것 같아요. 손자가 친구들을 괴롭힌다는 내용의 알림장을 받고 어떻게 아이를 지도해야 할지 고민하다가 문자 드립니다.

이윽고 긴 답장이 도착했다.

네, 그러셨군요. 선생님께서 알림장 답글을 안 쓴 것은 아마도 어머니나 고모님을 뵈면 얘기하려고 그러셨던 것 같아요. 그리고 아이에 대한 상담을 어머니랑 통화해야 하는지 고모님이랑 통화해야 하는지 고민하시다가 전화상담도 망설이셨던 것 같습니다. 네 살 아이들이 자기 주장이 강하고 자기중심적인 또래 아이들과 같이 생활하는데 충돌이 자주 발생하고 있긴 합니다. 어린이집에서는 다른 친구를 힘들게 하는 것은 옳지 않은 행동임을 알게 해주는 것이 무엇보다 중요하다고 생각됩니다. 친구를 아프게 하는 행동을 할 때 이해할 수 있도록 반복적으로 얘기하고 있습니다. 네 살 아이들이기 때문에 반복해서 이야기하는 것이 가장 좋습니다. 아이가 더 크면 잔소리라고 듣기를 싫어하는데 듣기 싫어하는 나이가 되기 전에 기본 생활 태도의 형성과 타인에 대한 배려는 가정에서도 반복적으로 일관성을 가지고 이야기하는 방법이 가장 좋습니다. 한 주를 시작하는 월요일에 아이의 좋은 점도 많은데 아이의 나아졌으면 하는 점만 말씀드려서 선생님도 속상하다고 하시네요. 그런 부분은 아이가 어린이집에 들어간 후 말씀드리긴 하는데… 죄송합니다. 지금 물놀이를 시작했는데 아이가 무척 재밌어합니다

답글을 부지런히 썼다.

손자의 환경이 얼마나 걱정이 되는지 모릅니다. 사회는 편모가정의 자식을 편견으로 끌어놓습니다. 누구와 상담을 해야 할지 고민이 되어 가족 아무에게도 답을 안 했다면 알림장은 아무 의미가 없는 것 같아요. 가족 누구나 볼 수 있도록 알림장이 효과를 발휘했기에 오늘 제가 원장선생님께 상담을 드릴 수 있었던 겁니다. 조금만 달리 생각해주시면 어떨까요. 어른들이 엄마와 해야 할지, 저와 해야 할지, 할머니와 해야 할지 망설이는 동안 아이는 편견 속에 성장하는 게 아닐까요. 아이가 그렇게 친구를 괴롭히는 형태로 굳어지는 건 아닌가 그게 더 걱정입니다. 집에서도 끊임없이 반복 지도하겠습니다.

그동안 조카들의 보호자이자 엄마로 살아오면서 선생님이나 같은 반 학부모 앞에서 당당하지 못했던 나 자신을 부인할 수 없다. 아니 그들의 내면으로부터 '당신은 엄마가 아니잖아.'라는 소리가 들리는 듯했다. 왜일까. 자격지심일까? 조카들조차도 정서적인 면이나 경제적인 면이나 그 밖의 모든 것들에 책임을 지고 있는 고모를 엄마가 아니라는 이유만으로 내 사랑을 굴절시켜 받아들일 때가 있었다. 성장기의 조카들은 아직 생각이 여물지 못한 탓에 다른 엄마들과 비교하여 '고모니까'라고 생각할 수도 있을 것이다. 사람들은 일반적으로 남의 가정이 더 행복해 보이기 마련이어서 다른 엄마와 비교하는 것만으로도 건강하게 자라고 있다는 신호에 가까웠다. 그러나 사회는 다르다. 더구나 선생님을 비롯한 어른들은 달라야 한다고 생각한다. 가족의 형태가 다양하다는 것을 인정하지 않는 사회는 건강하지 못하다.

'아이 한 명을 키우려면 마을 전체가 필요하다.'라는 말을 떠올려본다.

고모가 엄마인 아이도 있고, 할머니가 엄마인 아이도 있고, 엄마가 둘인 아이도 있다. 삼촌이 아빠인 아이도 있고, 할아버지가 아빠인 아이도 있고, 아빠가 둘인 아이도 있다.

우린 그런 사회에서 살고 있으나 평소에는 인정하려 들지 않는다. 이것이 나의 억지일까. 예외 된 자, 남들과 다른 자, 소외된 자를 사회는 자꾸 구석으로 밀어버리는 게 아닌가. 목소리를 낮추라고, 조용히 있으라고.

나는 네 살 된 손자가 다른 아이와 마찬가지로 개구쟁이라서 엄마의 고민이 될 수 있다고 생각했다. 그러나 선생님께서 누구와 상담할지 망설였다는 말을 듣고 나니 이 문제가 전혀 다른 시각으로 다가왔다. 만약 월요일에 내가 아닌 할머니가 가셨더라도 그런 말을 했을 시나. 어른들이 누구와 상담할지 망설이는 동안 손자가 친구를 괴롭히는 아이가 된다는 사실. 얼마나 두려운 일인가. 월요일 아침 아이를 데리고 온 다른 부모가 나와 선생님과의 대화를 들었다면…. 망설였다는 말 속에 담긴 편견이 그대로 그들 부모에게도 전염병처럼 돌지 않을까. 이런 생각은 지나친 생각일까.

손자의 머리 위로 손을 얹고 생각에 잠겼다. 친구를 괴롭혔다고, 남에게 피해를 주는 일을 해서는 안 된다고 알려주기 전에 미안한 마음을 전했다.

'아이야 너를 그렇게 대하는 게 아니었단다. 그리고 엄마가 어린이집에 데리고 와주지 못해서 미안하단다. 아빠가 어디 있느냐고? 아빠는 아빠 집에 있단다. 때로는 엄마 아빠가 같이 살 수 없을 때도 있거든. 아니 아니 아빠는 회사에 갔단다. 이런 거짓말을 고작 네 살인 너에게 해도 되겠니? 또 한 번 미안하구나.'

손자는 어린이집에서 돌아오면서 이런 말을 했다.
"오늘 친구 안 때렸어."
아직 어리지만 어른들의 말을 귀담아들을 수 있게 되었다니 오늘의 수확이었다.
"참 잘했어. 친구들이랑 사이좋게 놀고, 말 잘 들으면 크리스마스에 산타할아버지가 터닝메카드 선물해 주실 거야."

편모가정에서 자라는 아이에게 아빠는 어디에 있는가 하는 문제를 판타지로 말해 주어야 할지, 사실적으로 말해 주어야 할지 망설이는 동안 아이의 성격은 어떤 영향을 받을까? 수많은 아빠들이 집으로 돌아가는 저녁 시간 전철에서 손자는 모두 어디 가는 건지 내 손을 잡은 채 끊임없이 물었다.

"저녁이 되면 모두 집으로 가는 거야. 맘마 먹고 코~ 자야 아침이 오지."

아이는 깡충 뛰며 "코~ 자야 아침이 오지." 하고 자신만의 음률을 넣어 기분 좋게 따라 했다.

자장가는
왜 슬픈가?

어젯밤 잠자리에서 동요 〈섬집 아기〉를 불러주자 따라부르던 손자의 질문 공세가 시작되었다.

"왜요? 왜 아기가 혼자 자는데요?"

"응 엄마가 바닷가로 일하러 가니까…."

서너 번 같은 질문을 되풀이하던 손자는 까무룩 잠이 들었다.

'녀석은 이제 노랫말에서도 의미를 찾는구나.'

어린이집 선생님이 오늘 부모님 상담이 있다고 하니까 손자가 이렇게 말해서 선생님을 감동시켰다고 했다.

"선생님 힘들겠네요~."

손자는 감정에 관한 어휘가 발달해 있다. 다양한 감정을 표현한다. 아쉽다, 슬프다, 기쁘다, 화난다, 예쁘다 등등.

문득 일상생활에서 손자에게 '어른아이'가 되도록 유도하지는 않았는가? 서서히 엄마 연습을 하는 큰조카를 감싸려고 손자에게 착한아이의 굴레를 덧씌우고 있지는 않은가? 이기적인 어른을 위한 이타적 사랑부터 가르치진 않았는가 점검해본다.

그런 의미에서 『내 아이와 어떻게 대화할 것인가』(율리아 기펜레이테르 저, 지인혜, 임나탈리아 공역, 써네스트, 2006)를 큰조카와 함께 읽기로 했다.

책의 첫 장을 펴면 '무조건 아이를 받아주라'는 제목이 마음을 끈다. 조건적이고 평가적인 인간관계를 피하라고 조언한다. 나는 잊지 않으려고 본문 중에 학습하고자 하는 부분을 옮겨적어서 벽에 붙여 뒀다.

> 옳음과 친절함 중에서 선택해야 한다면 친절함을 선택해야 한다. - 27쪽
> 내용보다 억양이 중요하다. 아이를 하루에 네 번 이상 안아주라. - 22쪽
> 같이 놀아줘, 같이 산책가자, 데려가 줘, 나도 갈래, 내가 하면 안 될까, 하는 요구—여러분에게 중요한 이유가 없다면, 대답은 오직 하나 '그래'여야 한다. - 34쪽

경도
지적장애

　손자와 뽀삐와 함께 산 지 3개월이 되었다. 웩슬러 지능 검사 결과, 경도지적장애라고 나와서 조금 당황했다.

　젓가락질을 어려워하고 그리기 활동에서 눈코입이 제대로 표현되지 않는 문제점이 발견되었다. 어린이집 선생님의 지시에 따르는 행동은 물론이고 친구들과의 놀이에서도 자연스럽게 어울리기 어려웠겠다는 생각이 들었다.

　주민센터에 알아보니 '아동 심리치료 바우처'라는 프로그램이 있었다. 이를 통해 감각통합치료, 언어치료, 인지학습치료를 받을 수 있도록 신청하기로 했다. 개인 부담금은 회당 5천 원 정도로 나이가 어릴수록 효과가 있다고 했다. 어린이집 선생님과 상담해보니 3개월 전에 비해 많은 발전을 보인다는데, 손자의 일상생활을 점검해주어서 그나마 다행이었다.

요즘 느끼는 일이지만 나보다 어린 전문가들과 대화할 때 그들의 관찰 능력과 전문지식에 감탄하며 존경심을 갖게 되는 일이 종종 있다. 손자의 어린이집 선생님과의 상담이 특히 그랬다. 지적하고 싶은 사항들이 한둘이 아니었을 텐데 관찰만 하고 서둘러 보호자에게 전달하지 않았던 점. 관찰했던 부분에서 아동이 조금이라도 발전한 부분이 있으면 아낌없이 칭찬해 준 선생님 덕분에 어린이집 가는 손자의 발걸음이 늘 신났었다.

큰조카의
엄마 연습

 손자는 매주 감각통합치료와 언어치료를 받기로 했다. 첫 놀이치료 후 상담내용을 큰조카에게 전했다. 큰조카는 추석 연휴 이틀 동안 아들을 돌보기로 했다.

 엄마 연습.

 아이를 키우는데도 연습이 필요하다. 큰조카를 키울 때는 서툰 엄마였던 내가 손자를 돌보며 조금은 멀리 보는 눈이 생겼다. 엄마의 모든 시행착오는 첫 아이가 홀로 감당한다. 그렇기에 큰조카의 시행착오를 조금이라도 줄여주고자 나는 큰조카와 함께 엄마 되기에 열심이다.

 "두 발의 협응능력을 개발할 필요가 있다는구나. 계단을 내려갈 때 오른발 왼발 자유롭게 사용하기. 관찰하기. 마지막 계단은 엄마와 손을 잡고 점프하기. 점프를 일주일 동안 틈나는 대로 손잡고 연습시키자. 또, 곰 두 마리는 금방 찾는데 소 한 마리에 병아리 한 마리를 찾으라고 하면 앞의 소는 기억하는데 병아리는 종종 잊곤 해. 그러니 집에서 심부름을 시킬 때 두 가지 일을 한 번에 처리할 수 있도록 연습을 시키래. 세수하고 외출할 옷 갈아입자 하고. 고모는 잠들기 전에 탁자 위에 다음날 입을 바지, 티셔츠 위에 팬티랑 양말 올려놓거든. 아침에 일어나면 잘 잤니? 인사하고 치카하고 세수하고 로션 발라~ 중간중간 수건을 건네며 돕기도 하지. 그리고 잠옷 벗고 팬티 입고 바지도 입으렴. 나서서 도와주지 않지만, 고모도 옷 입으면서 옆에서 확인은 해준단다. 바지를 엉덩이 쪽으로 잘못 입거나 잠옷인 바지 위에 팬티를 껴입을 때가 있거든."

언어치료와
설소대 성형

 언어치료 선생님이 손자의 혀가 짧아서 'ㄷ, ㅈ' 발음이 어려운 것 같다며 설소대를 확인해 보라고 해서 가족이 다니는 치과에 갔다.
 "짧네요. 수술해야 해요. 간단하고 보험도 되니까 지금 하세요."
 빛의 속도로 망설이고, 빛의 속도로 결정했다.
 손자의 종합심리평가에서 경도지적장애 수준이라는 소견서가 나왔고 사회적 적응에 곤란을 겪을 거라는 전문가의 조언을 듣고 언어치료와 감각통합치료를 받던 중이었다. 주 양육자에 대한 평가지의 양도 어마어마했다. 약 400문항이 되는 보호자 체크리스트를 작성하는 동안 부모자격이 있는지 시험대에 선 기분이었다. 더구나 심리평가보고서에 적힌 글을 읽고서 나의 양육 태도를 다시 수정해야 할 필요성을 느꼈다. 평가보고서 일부 내용에는 이렇게 적혀있었다.

> 주 양육자인 고모할머니에 의한 행동평가에서는 모두 정상범위에 속하는 것으로 보고되었다. 이는 수검 아동이 일상생활에서 보이는 행동문제의 범위가 실제로 없음을 반영하는 결과일 수도 있겠으나, 아동의 행동문제를 바라보는 낙관적인 시각에서 기인한 것임을 고려해 볼 필요도 있다.

'자식을 돌보는 일엔 답이 없구나.'

큰조카를 돌볼 때도 첫아이라 시행착오가 많았다. 지나친 학업 위주의 양육으로 아이와 서로 곁돌게 된 건 아닌지 반성하기도 했다. 그래서 손자에게는 좀 더 편하고 즐겁게 대하려고 했는데 너무 느긋한 방식이었나보다. 적절한 자극으로 일상생활 적응력을 발달시켰어야 했다.

언어치료 선생님의 제안으로 발음에 문제가 생긴 이유가 혹시 혀가 짧은 탓은 아닌지 확인차 치과에 들렀다가 설소대 성형술을 제안받은 건데, 수술 여부를 결정하는 순간은 아이의 전 인생이 내 어깨에 실린 듯싶어 생각에 집중했다.

그렇다. 아이와 나는 손을 꼭 잡고 인디아나 존스처럼 세상을 향한 모험을 시작했다.

유시시 동영상
촬영하는 날

 지난주에는 1분짜리 동영상을 찍기 위해 마포구 영유아 지원센터인 '시소와 그네'를 다녀왔다. 동영상은 설소대 성형술을 받은 과정과 내용을 요약하여 1분 동안 촬영한 것이다. 유시시(UCC) 작업에 사용될 이 영상은 영유아 발달지원 사업이 부분적인 아동만을 중심으로 이루어지기보다 보편 복지로 자리 잡을 수 있도록 조례를 만들고자 하는 데 활용된다고 했다.
 촬영 내내 나는 조심스러웠다. 나의 얼굴이 노출되는 것에 대해, 손자가 발달장애 센터를 다니고 있다는 사실을 주변에 알림으로써 혹시 있을지 모를 불편함을 막기 위해 주의를 기울였다. 담당자에게 내 생각을 전했다.
 "매 순간 저는 조심스러워요. 손자의 설소대 성형을 결정할 때도 한 사람의 인생에 걸쳐 영향을 미칠 수 있는 걸 결정해야 하는 순간이라 두려웠어요. 그런데도 결정을 해야만 했어요. 혀가 짧은 상태로는 아무리 연습을 해도 '리을(ㄹ)' 발음이 안 되었어요. 아이에게 언어치료를 받는데 왜 안 되냐며 타박해서 하마터면 상처를 줄 뻔했으니까요. 피아니스트가 연주를 위해, 원하는 만큼의 건반을 짚기 위해 손가락 사이를 찢듯이 손자도 자신의 의사 표현을 타인에게 잘 전달할 수 있도록 준비되어야 한다고 생각해요. 그리고 청소년이 되어서 자신이 겪은 경험을 자신 있게 말할 수 있는 아이로 자라게 하고 싶어요. 자신과 비슷한 처지의 아이들에게 '나도 그랬는데 지금은 괜찮아.' 하고 말해 줄 수 있는 아이로 말이죠."

지난주 금요일 남동생 치과 가는 길에 동행했다. 담당의사와 상의 후 이번 주 금요일 어금니 위아래 두 개를 뽑기로 했다. 풍치로 염증이 깊어져 잇몸뼈가 녹았단다. 잇몸에 뼈가 차올라야 임플란트를 할 수 있기에 당장 뽑자고 했으나 동생은 마음의 준비가 필요하다고 해서 일주일 후로 미뤘다. 그와 어깨를 나란히 걸으면서 표현이 서툴러서 툭하면 화를 내던 남동생의 유년기가 스쳐 지나갔다.

영유아 발달의 조기 개입의 중요성은 바로 내 가족의 안위와 연결되어 있다. 사회적 손실을 막는 것이기도 하다. 만약 동생이 영유아 시기에 적절한 발달지원을 받을 수 있었다면 자신이 중독적인 성향이 있다거나 계절성 우울증에 노출되기 쉽다는 걸 자각하지 않았을까? 혹은 양육자가 미처 깨닫지 못한 부분을 신뢰가 형성된 전문가의 지원을 통해 빠른 시기에 발견할 수 있었다면 심리적 정서적 지원을 받아서 자신이 좋아하는 일을 찾는 데 집중했을지도 모르겠다.

지나간 일은 지나간 대로 그렇다 치더라도 미래의 아이들, 손자의 자손들은 조금 더 본인의 인생에 적극적으로 개입할 수 있도록 어려서부터 사회 돌봄을 받을 수 있기를 바란다.

놀이치료가 시작되었다

 아동발달센터에서 첫 놀이치료가 있었다. 놀이치료를 마치고 담당 선생님과의 상담에서 아주 강렬하고 색다른 체험을 할 수 있었다.

 '할리갈리' 놀이를 하며 관찰하니, 감정 표현이 다양해야 하는데 손자는 그렇지 않았다는 것이다. '감정이 비어 있다.'는 지적이었다. 이기고 질 때의 기쁨과 속상함, 짜증, 갈등, 화, 지루함 등등의 감정적인 부분이 많이 비어 있다고 했다.

 실생활 놀이를 통해 자율성과 주도성을 확립하는 것이 중요하고 지금은 자기 욕구를 드러내고 자신이 기쁠 때, 화날 때의 최고치를 알고 조율할 수 있도록 도와야 한다는 것이었다.

 '감정이 비어 있다니!'

 처음 듣는 말이라 사실 놀라고 당황했다. 나 같은 경우는 늘

'감정 과잉'일 때가 많았기에. 양육자와 아이와의 관계 맺기가 생각보다 어려웠다. 내 감정이 아이의 감정을 좌우할까 봐 조심하면 할수록 매주 한 번씩 충돌이 생겼다.

손자는 하루에 한 번 나의 사랑을 확인하느라 "뽀삐가 좋아? 내가 좋아?" 하고 묻는다. 그 질문을 안 하는 날이 바로 아이가 자존감을 확립하는 시기가 아닐까 싶다.

다음 주 일요일엔 NGO 단체에서 연결해 준 홍아와 이오 가족의 아이들이 집으로 놀러 오기로 했다. 친구의 방문은 손자에게 첫 경험이 될 것이다.

친구가 자신의 아끼는 장난감을 만지면 어떤 기분이 드는지, 친구와 재미있게 어울리면 어떻게 행복한지, 공을 차면서 뛰거나 웃으면서 크게 소리를 내면 또 얼마나 시원한지. 친구들과의 활동을 통해 비어 있는 감정을 알록달록하게 채우길 바란다.

'친구들이여 다양한 감정을 나누어주세요. 그래서 사람들과의 관계에 있어서 재치 있고 유연하게 반응하는 풍요로운 사람이 될 수 있도록 도와주세요.' 하고 나는 기도한다.

언어치료수업과
감각통합수업

 금요일은 언어치료수업과 감각통합수업이 있는 날이다. 수업 후 담당 선생님과의 상담을 통해 손자의 수업 과정을 확인하고, 가정 내의 지도 방법을 배운다.

 감각통합 선생님과의 상담은 이랬다.
 "밧줄에 달린 흔들리는 다리를 건널 때에는 균형을 잡기 위해 노력하며 선생님께 자주 손을 잡아달라고 도움을 요청했어요. 손발의 협응 능력을 키우기 위한 수업이에요. 지능쑥쑥퍼즐 교재로 사각형을 비롯한 여러 가지 도형 만들기에서는 쉬운 것은 금방 했지만, 어려운 도형이 나올 경우는 회피하려고 했어요."
 나는 쿠키상자로 만든 구슬미로찾기 놀이와 마을버스 놀이를 할 때 손자가 사인펜으로 만든 신호등 등 지난주 집에서 활동한 사진을 보여드렸다.

"구슬미로찾기 놀이는 자기가 하는 것을 계속 보는 훈련이 되기 때문에 좋은 것 같아요. 처음엔 앞으로 자신이 할 것을 쭉 훑어보는 것부터 익히고 구슬이 움직이면서 눈이 따라가는 동안 시야 확보가 될 거고요. 공간 구성, 위치 찾는 것도 함께 나타날 거예요. 나중에 머릿속으로 상상할 수 있도록 말이죠."

티브이가 없고 상담 선생님의 조언으로 손자가 쓰던 아이패드도 치웠기에 지난주에는 친구가 선물한 『엄마랑 아기랑 친환경 장난감 만들기』 책을 펴놓고 쿠키상자에 못질하고 고무줄을 연결해서 구슬미로를 완성했다. 단순히 아이와 함께 만들고 놀 생각에 작업한 결과가 감각통합수업과 연결이 된다니 기뻤다.

언어치료 선생님과의 상담은 이랬다.

"오늘은 이응 발음은 완성이 되었어요. 시옷 발음은 살짝 왜곡되었지만 변별 가능했구요. '이 그림은 샴푸인데 왜 로션이라고 해요?' 하고 질문하기도 했어요. 반복해서 나온 그림을 기억하고 있구요. 로션 발음이 안 되어서 그냥 지나가려고 하니까 아니라고 할 거라고 해서 연습하고 지나갔어요. 승부욕

이 있는 것 같아요(웃음)."

설소대 성형술을 받은 후 손자의 언어 수업은 속도가 붙었다. 수업 내내 선생님과 거울을 보면서 혀의 위치를 확인하며 발음을 연습하는 일에 적극적이었다.

얼마 전에 있었던 일이다. 새해 아침에 일어나자마자 손자는 "이제 나 일곱 살이야?" 하고 물었고 내가 그렇다고 하자 기쁨의 하이파이브를 했다. 손자는 벌떡 일어나더니 자신의 다리를 보면서 키가 컸나 살펴보는 것이었다. 어린 생각에 일곱 살이 되면 키가 자라는 걸로 아는 듯하여 웃으며 새해를 시작했다.

또 이런 질문도 했다. "내가 여덟 살이 되면 누구랑 살아요?" 이 질문에 나는 아이의 얼굴을 쓰다듬으며 넌 언제까지나 나랑 살 거라고 대답하니 그제야 안심하는 눈치였다.

나는 언어치료 선생님께 강아지도 파양을 당하면 스트레스를 받는데 중간에 양육자가 바뀌어서 혼란스러웠을 손자가 안타까웠다고 말씀드렸다. 나의 에피소드를 진지하게 듣고서 언어 선생님이 말씀하셨다.

"아이의 질문을 정서적 차원에서 해석할 수도 있지만, 아이가 시간 개념에 대해서 인지하고 현재를 알고 과거, 미래 시제에 대해 궁금증이 생겼다는 이야기로 이해할 수도 있어요."

"아, 그렇게 생각할 수도 있군요."

나의 시야가 갑자기 넓어진 느낌이 들었다. 어쩌면 손자는 씩씩하게 현재를 살아가는데 내가 과거의 문제로 아이를 바라보고 해석했을지도 모른다는 생각에 조금은 마음이 놓였다.

매주 언어 전문가와 감각통합 전문가와 진행되는 상담은 육아에 대한 구체적이고 확실한 방향을 잡을 수 있게 도와줬다. 감정에 치우치지 않고 긍정적으로 바라보는 차원으로도 이끌어주었다.

손자의 자아가 형성되면서 스스로 할 수 있는 영역이 많아지자 아침마다 어린이집 가기 위해 준비하는 시간이 배로 늘어났다. 얼굴을 씻겨주고, 밥을 떠먹이고, 옷을 입혀줄 때는 집을 나서기 위한 준비시간이 짧았는데, 스스로 밥을 먹고, 이를 닦고, 세수하고, 로션을 바르고, 옷을 입는 훈련이 시작되자 외출 준비시간이 무한정 늘어났다.

그날그날 예측할 수 없는 일들이 생겼다. 밥을 먹다가 일어나서 개다리춤을 추거나 양말을 신다가 애완견인 뽀삐와 장난감 인형 던지기 놀이에 몰두하는가 하면 눈곱도 떼지 않고 대충 씻고 나온 아이를 다시 씻겨야 하며 겨울 잠바의 지퍼를 혼자서 올리려고 애쓰는 걸 지켜보며 마냥 기다려야 했다. 시계를 곁눈질해보지만, 일터로 가야 할 시간이 빠듯해져서 전철까지 혼신의 힘으로 달려야 했다.

손자가 잠든 한밤중, 『내 아이와 어떻게 대화할 것인가』를 다시 읽기 시작했다. 그 속에서 성공사례를 따라 일정표를 만들어서 아이가 눈을 뜨면 바로 볼 수 있는 곳에 붙여놓았다.

오늘 아침의 일이다.

눈을 뜨자마자 '치카 하러 가야지.' 하고 욕실로 간 손자. 8시 15분쯤이었을 거다. 매일 아침 양치질해라, 옷 입어라 할 때마다 잘 듣지 않아서 힘들었는데 믿어지지 않는 일이 벌어진 것이다. 우리는 9시 정각에 어린이집 문 앞에 서 있었다!

오류를 고치는 속도가 빨라졌다

 감각통합수업과 언어치료를 받은 지 반년이 지나자 손자는 어떤 단계를 넘어간 듯 자신감이 넘쳤다. 늘 발이 엉켜 잘 넘어지고, 계단을 내려갈 때도 한 칸씩 내려가서 걱정이었다. 발음도 정확하지 않아서 청각에 문제가 있나 하고 이비인후과에 가서 검사를 받기도 했다. 치과에서 설소대 성형술을 받은 손자는 샤워할 때마다 거울을 보고 'ㄹ'발음을 연습하고 또 연습하더니 언어 선생님으로부터 이런 평가를 받았다.

 '언젠가는' 완성되겠지만, 오류가 났을 때 고치는 속도가 빨라졌어요.'

 선생님과의 대화에서 중요한 것은 '언젠가는 완성되겠지만'과 같은 희망의 언어가 아닐까?

 '왕자'가 아직 '완자'여도 '반지'가 아직 '방지'로 발음되어도 아이가 언젠가 자신을 표현하려고 할 때, 자신이 본 것을 표현하려고 할 때, 아름다운 것을 보고 전하려 할 때, 자신이 잘못한 점을 고백할 때, 감사한 것을 전하고자 할 때, 아닌 것을 아니라고 할 때, 언어 표현 능력은 '용기'와 함께 더불어 추구해야 할 덕목이기에….

　손자를 초등학교 운동장에 풀어놓으니 스스로 스승을 찾아 익히고 있다. 아이들은 참 신비하다. 다들 놀이에 한창인데 그러는 동안에도 어떤 아이의 눈에는 공은 차고 싶은데 마음대로 안 되는 손자가 보이나 보다.

경도지적장애의 한계를 뛰어넘는 날

원래 가장 작은 변화에도 감동하는 법입니다.

'나무야나무야' 현장 체험을 다녀온 후 손자는 거들떠보지도 않던 레고를 꺼내어 조립하기 시작했답니다.

발달이 늦더라도 서두르지 말고, 또래 친구들과 비교하지 말아야겠지요. 놀이치료 선생님 조언에 따라 경도지적장애의 경계를 뛰어넘어 장래 어른이 되어서 타인의 도움 없이 일상 생활을 할 수 있는 것을 목표로 한다면 오늘 아이는 자신의 한계를 극복한 날로 축하를 받아야 마땅합니다.

오늘은 좋은 날. 감사 또 감사.

정명이네는 뽀삐와 은주가 함께 산다

조카들이 다녀갔다. 막내조카에게는 대학 졸업 후 아버지와 분리해서 등본상 세대 구성을 별도로 할 것과 임대주택이라도 얻어서 안정된 주거 환경을 만들 것을 제안하고, 큰조카에게는 적금 금리 비교해서 저축할 것을 제안했다. 그리고 지금 사귀고 있는 사람과 뜻이 맞으면 미래를 함께하라고, 손자는 성인이 될 때까지 내가 함께할 거라고 아이가 듣는 데서 말해 주었다.

100세 시대에 정명이와 20년 정도 함께 지낼 텐데 지금 7살이니까 13년 남았다. 젊은이에게 13년은 변화무쌍하고 기회도 많은 법. 서로가 행복한 사이에 좋아하는 곳에 사는 것이 시대가 원하는 것이다.

다양한 공동체라고 할까?

한 부모가정, 조손가정, 독거노인…. 이런 식으로 낙인을 찍는 일은 피했으면 한다. 서류상 분류나 사회 복지 차원에서 불가피할지도 모르지만, 가능하면 이름을 불러주자.

조손가정도 아니고, 한부모 가정도 아닌 이은주 가정은 뽀삐와 정명이가 살고 있고, 정명이네는 뽀삐와 이은주가 산다.

가족의 정의가 다양해질 때 보다 더 많은 사람이 자유롭고 행복해질 수 있지 않을까?

네 뒤에 다 있단다

 버스를 기다리고 있던 손자가 불현듯 생각났다는 듯이 "그럼 우리 헤어지는 거야?" 하고 물었다. 그러더니 바로 눈가가 빨개지는 것이었다.

 '이런 경험을 어디에서 했던 걸까. 데자뷔일까?'

 잘 생각해보니 어린 시절 일하던 엄마와 헤어질 때의 나도 이런 감상에 젖어 들곤 했다. 그럴 때마다 엄마는 몸짓이며 말이며 애달픔을 손끝 마디마디까지 전달하였고 그것을 본 난 더 깊은 외로움에 빠졌다. 철없던 남동생의 경우는 장난감을 요구했다.

 "아니? 내일 또 만날 거야. 엄마랑 증조할머니랑 삼촌이랑 놀다가 내일 교회에서 만나자." 내가 말했다. 참으로 신묘한 것은 어린이는 사랑스럽게도 스스로 납득하면 감정을 질질 끌지 않고 금방 잊는다.

   지난 휴일에도 손자는 엄마와 하룻밤을 같이 지내고 돌아온 후에 허전한지 잠자리에서 물었다.

  "얜 왜 혼자 있어요?"

   달력에 혼자 웃고 있는 어린이 그림을 가리켰다. 나는 벌떡 일어나서 달력 한 장을 뒷장으로 넘겼다.

  "아니야, 뒤에 다 있어~." 했더니 깔깔 웃었다.

  '휴~살았다.'

오래 울었으니까
힘들 거야

"뽀삐랑 산책하면 엄마하고 할머니 보고 싶은 마음을 잊을 수 있을까요?"

"아니, 보고 싶은 감정은 그런다고 잊혀지지는 않아. 계속 보고 싶지. 그렇지만 목요일 날 엄마하고 만나기로 했으니까 뽀삐하고 산책하면 조금은 마음이 위로를 받겠지."

카톡 음성메시지에 방금 손자와 대화한 걸 녹음했다. 방금 한 말을 잊지 않으려고 녹음하는 나를 곁에서 지켜보는 아이와 눈이 마주치자 나는 자세한 설명을 해주었다.

"나중에 이 이야기를 글로 쓸 거란다."

할아버지처럼 허허 웃는 아이 옆모습에 초록빛 조명을 받은 듯 그림자가 졌다. 놀이 선생님 말씀에 의하면 엄마와 떨어지던 네다섯 살 때 보였어야 할 감정들이 이제 막 올라오는 거란다. 충분히 느끼고 표현해야 할 감정들 말이다. 인지 선생님께서는 아이가 엄마를 찾으며 울 때는 울게 내버려 두라고 했다. 그럴 때는 울음이 그칠 때까지 안아주다가 울음이 그치면 이렇게 알려주라고 했다.

"오래 울었으니까 힘들 거야."라고.

아이들이 상황을 이해했다고 해도 감정은 아직 미성숙하므로 긴장이 그칠 때까지 언제까지나 안아주라고 한다. 놀이치료 첫 수업 때 선생님께서 손자의 감정이 많이 비어있다고 말씀하셔서 놀랐는데 어쩌면 이 순간이 아이 자신의 정서가 안정을 찾는 동시에 수많은 감정을 느낀 다음 표현의 정도를 찾아가는 과정일 수 있다는 걸 전문가들의 조언을 듣고 비로소 이해하게 되었다.

아이의 성장을 함께 고민하는 친구의 조언도 도움이 되었다. '화를 낼 때도 단계가 있어야 한다.'라는 사실을 아이에게 꼭 가르쳐주라고.

네가 찾는 것이 무엇이든

손자가 잠들자 잠자리에서 빠져나온 나는 오에 겐자부로의 『회복하는 가족』(오에 겐자부로 저, 오에 유카리 그림, 양억관 역, 걷는책, 2019)을 읽는다. 오에는 56쪽에서 이렇게 말하고 있다.

> 적극적인 동정이나 상상력의 발휘라는 점에서는 지적장애를 지닌 아이를 간호하는 가족, 의사, 간호사 또는 재활치료사에게 더욱 특별한 의미가 부각 될 것이라는 생각이 든다. 자신이 무엇을 하고 싶은지 남에게 말하기 전에, 무엇보다 당사자가 그것이 무엇인지 모르기에.

설령 손자가 엄마와 애착 관계를 형성할 시기를 놓쳤다고 해도 지금부터 해도 괜찮다는 결론을 얻고 위안 삼으며 잠든 아이의 얼굴을 물끄러미 바라다보았다.

아이는 어젯밤 엄마가 보고 싶다면서 한 시간을 보챘다. 힘드니까 이제는 그만 울자고 안아주면서 설득했는데 아이의 울음은 한동안 계속되었다. 나는 지쳐갔고 나중에는 귀마저 따가웠다. 30킬로그램의 아이를 안고 달래주려니 허리가 끊어지는 통증을 느꼈다. 간신히 울음을 그친 아이는 수수께끼 책을 펼치고 서로 다른 그림을 찾아 열심히 동그라미를 치다 잠이 들었다.

아침은 롤케이크와 우유를 주었다. 점심은 짜파게티를 청하기에 그렇게 했다. 우리는 3시에 산책하러 나갔고 필요한 소모품을 산 다음, 물건을 집에 내려놓고 마을버스 투어에 나섰다. 마을버스 기사 할아버지께 드릴 박카스와 손자가 초등학생임을 입증하는 버스 카드도 위풍당당하게 들고서 말이다.

마을버스 할아버지께서는 손자가 버스에서 내릴 때 만 원을 용돈으로 주셨고 나는 마음속으로 할아버지께 어떤 식으로 감사의 인사를 할까 구체적으로 고민해보았다.

'사람은 누구나 외롭고 고독하다. 그런 감정선이 닿는 곳에 아이와 할아버지가 있다.'

저녁은 어제 남은 잡채로 잡채밥을 만들어 먹었고 부엌의 도구들, 냄비와 뒤집개와 집게와 크고 작은 접시들을 방으로 가져와 치킨가게 놀이를 했다.

잠자리에 누워서 책날개에 소개된 책 제목에 동그라미를 그려가며 다음번에는 어떤 책을 살지 궁리하다가 또다시 수수께끼 책을 펼쳐 놓고는 절반이나 풀었다. 그도 그럴 것이 지난주에 아이는 같은 책 한 권을 떼었기 때문이다. 조금 아깝긴 하지만 일찍부터 수능시험 문제 푸는 기술을 꼬마도 벌써 깨우쳤는가 하고 감탄할 뿐이다. 이렇게 해서라도 인지발달에 도움이 되었으면 하는 바람이다. 그리고 내일 있을 손자의 두 번째 미술치료수업을 내심 기대하고 있다.

부디 자신이 무엇을 하고 싶은지 모를 정도로 표현력이 떨어지지 않기를 바란다. 또한 자신의 내면이 무엇을 필요로 하는지 탐색하는 과정을 통해 음악도 좋고 그림 그리기도 좋고 치유의 글쓰기도 좋으니까 스스로 발견해 냈으면 좋겠다. 그리하여 잠시만이라도 자신의 한정된 영역에서 벗어나 자유롭기를 부탁한다.

나의 사랑하는 손자 정명아.

ADHD 약 복용 후 피드백

 손자가 초등학교에 입학하기 전에 치료 약을 먹이고 선생님의 피드백을 구하길 잘했다는 생각이 듭니다. 어린이집에서 활동하는 동안 '페니드정' 10밀리그램 반 알. 그것이 단지 플라시보 효과일지라도 아이가 조금이라도 긍정적인 변화를 보였다면 저로서는 너무나 감사한 일입니다. 알림장에서 언급해 주셨듯이 약을 투약한 후 큰 변화는 없었지만, 정명이가 주위 친구들을 불편하게 하는 빈도가 줄었다는 말씀만으로도 가슴을 쓸어내립니다.

 '갑자기 기분이 좋아져서 끌어안는 행동, 제자리에서 뛰는 행동'이 하원 후 가정에서 어떤 변화가 있는지도 살펴보기로 하겠습니다. 자신이 '친구를 갑자기 끌어안기와 제자리에서 뛰는 행동'이 문제라는 것에 대해 어른들이 자주 토론하는 것을 보고 듣고 알고 있기에 약을 먹고 좋아졌다는 내용의 알림장을 읽어 준 후 정명이를 칭찬해주었습니다. 앞으로 정명이 본인이 자신이 산만하다는 것을 인지하고 스스로 조심하리라 기대합니다.

그래도 하루 총량의 법칙이 있는지 손바닥으로 허벅지를 두드리는 장단 맞추기는 오늘도 잊지 않고 계속되었답니다. 말리면 더하고 싶어질까 봐 그만하고 싶어질 때까지 실컷 하도록 내버려 두었습니다.

조기치료를 위한
ADHD의 이해

아무쪼록 ADHD에 대한 이해가 보편적으로 확산했으면 좋겠다. 질병이라는 인식이 적어서 초기 단계 치료가 어려운 거다. 그냥 성격이 급하거나 장난 많이 치는 아이로 여기거나 크면서 저절로 좋아질 것으로 막연히 기대하기에 조기치료를 하지 않기 때문이다.

큰조카는 아들 정명이에게 약을 먹이고 싶지 않다고 한다. 회사 동료의 아이가 그 약 부작용으로 무기력해지고 멍해져서 약복용을 그만두었다는 말을 들었기 때문이다. 큰조카에게 ADHD관련 서적을 읽어보라고 권하고 싶다. 내가 수십 번 톡을 보내는 것보다 그게 더 낫겠다 싶다. 약물의 효과와 부작용은 상황에 따라 각기 달리 해석된다. 이건 이해시키고 말고의 문제가 아니라 본인이 얼마나 이 질병에 관해서 탐구하는가에 따라 입장이 달라지기 때문이다. 마치 암처럼, 당뇨병처럼, ADHD를 바라봐주었으면 좋겠다는 생각을 요즘 더욱 절실하게 된다.

ADHD약을 복용한 후에 금요일에 있었던 언어수업에서 정명이는 다섯 가지의 과제물을 수행했지만 약을 끊은 후에는 네 가지 과제밖에 수행하지 못했다. 40분에 달하는 언어 수업 내내 아이가 얼마나 집중했는지, 힘들어한다거나 부담스러워하지는 않았는지는 물론이고 교사 역시 보통 이상의 에너지를 수업에 쏟아내느라 힘들지는 않았는지 살펴볼 필요가 있다. 매번 우리 아이만 특별하게 신경을 써줄 수도 없고, 학생과 선생님의 조화야말로 최선의 수업 효과를 얻는 지름길이다.

약물 복용 초기 일주일 동안 아이를 지켜본 결과, 아침 7시에 약을 먹은 뒤 2시간 내로 몸이 떨린다고 한다. 그래서 나도 아이의 약을 복용해보았다. 역시 같은 경험을 했다.

모든 양육자가 그렇겠지만 나는 두려웠다. 약의 효능보다는 약의 부작용이 먼저 눈에 들어왔기 때문이다. 선택해야만 했다. 주의집중을 하도록 각성제 역할을 하는 약을 먹였을 때 발생하는 장점과 단점 중에서 어느 것을 우위로 둘 것인가? 다행스럽게도 '무서운 꿈을 꾼 것도 아닌데 떨려요.'라고 했던 정명이가 2주 뒤에는 내성이 생긴 탓인지 괜찮아졌다고 말했다.

그렇게 몇 주를 오직 정명이를 관찰하느라 신경이 팽팽하게 당겨질 듯했던 나는 단편적인 정보만 접하고 약을 먹이지 않겠다고 강하게 주장하는 큰조카를 이해시키는 데 애를 먹었다.

'자신의 아이가 ADHD임을 인정하는 데까지 시간이 걸리겠지. 나도 그랬으니까.'

의사와 상담과정은 지지부진했다. 학교에서 문제가 발생해 담임선생님의 상담 요청이 있다면 그때 가서 복용하는 방식으로 양육자의 의견을 존중하기로 했다.

약을 먹이고 아침시간에 일어나서 아침을 먹고 양치하고, 세수한 다음 옷을 입고 준비를 마치기까지 보통은 한 시간 이상이 걸리는데 그러면 일터에 자주 지각을 하게 된다. 이제 선택을 해야 하는 순간이다.

"기어이 약을 먹이지 않겠다면 네가 데리고 가서 키우렴. 혼자 아이를 돌보면서 직장에 다니려면 육아 돌봄 서비스를 받아야 겨우 출근 시간을 맞출 수 있을 거야. 이게 우리 현실이야. 지금까지는 온몸으로 가족을 지탱해왔지만 이젠 내 심장도 더는 버티기 힘들단다."

문제가 생길 때마다 언제나 척척 해결해왔던 나였고 약한 모습 보이기도 싫지만, 경제활동도 예전 같지 않고 체력도 하루가 다르게 약해진다. 가족 내부에서 짐을 나눠 질 시간이 왔음을 알릴 필요가 있었다. 큰조카는 당황해했다. 마치 처음 진실을 깨달은 사람처럼. 아니 알고 있었는데 그동안 자신의 욕구에만 충실하여 보이지 않던 것들이 갑자기 눈에 들어온 순간이라고 할까.

나는 말했다.

"정명이가 어린이집 졸업하고 한참 뒤에 있었던 일이야. 어린이집 앞을 지나가는데 선생님이 소리 지르면 무서웠다고 하는 거야. 이유를 물어보니 한글 수업시간에 국악 시간에 배운 장단을 쳐서 혼났다는 거야. 선생님이 북 장단을 치는 정명이한테 그만하라고 할 때마다 십여 명의 친구들이 수업을 중단하고 기다리는 걸 상상해 봐. 주목을 받은 정명이는 긴장하게 될 테고. 본인도 안 그러려고 하니까 자신도 모르게 손톱을 물어뜯지 않았을까? 언제부턴가 정명이가 손톱을 물어뜯기 시작했는데 나는 마음이 너무 아파. 아이가 많이 힘들었겠구나 하고. 하지만 선생님을 탓할 수는 없어. 만약 정명이에게 주의를 주느라고 5분을 썼다면, 16명의 어린이 곱하기 5분. 그러니까 정명이는 매일 친구들의 시간 80분을 사용한 셈이지. 더구나 수업시간마다 16명의 친구들이 정명이를 주목하게 되겠지. 이제 정명이가 친구들과 어울리기 위해 쉬는 시간에 얼마나 노력해야 할지도 상상이 가니?"

큰조카는 말이 없었다. 오래 고민에 빠진 큰조카와 헤어져 집으로 돌아오는 내 마음도 편하지는 않았다. 며칠 후 큰조카에게서 문자가 왔다.

정명이한테 미안하네요. 병원에 갈 때마다 제가 갈게요.

큰조카가 진정 엄마가 되는 순간이었다. 아이를 짐으로 느끼지 않고, 아이에게 미안한 마음을 한 번이라도 가졌다면 더 이상 과거로 돌아갈 수는 없을 것이다. 그렇게 아이와 함께 성장할 결단을 내리기까지 8년이 걸렸다.

양육자를 치유하는
미술치료사

"요리를 좋아하시나 봐요?"

미술수업을 마친 정명이 상담 중에 미술치료 선생님의 질문을 받았다. 이유는 모르겠는데 지난 1년 동안 정명이의 미술치료 선생님은 상담을 통해 나를 치유하고 있었다.

관심과 공감으로 때로는 웃음으로 기운을 불어넣어 준다. 그리고 진지하게 들어준다. 나 또한 성실하게 답하려고 노력한다. 처음에 선생님은 왜 정명이 그림에 대해서 말해주지 않는 걸까 생각하고는 했는데 아이를 지켜볼 뿐 지나친 판단은 삼간다.

나는 잠시 생각에 잠기다가 답한다.

"저녁이 되어서 어두운 부엌에 불을 켜면 마치 연극이 시작되는 것 같지 않으세요? 그리고 색깔. 부엌에는 색이 살아있잖아요. 커다란 고구마를 찌기 위해 어슷썰기를 하면 고구마의 붉은 껍질과 고구마의 노란색이 정말 예쁘잖아요."

미술 선생님은 눈을 빛내며 마치 처음 듣는 이야기처럼 고개를 끄덕인다.

"그리고 고구마를 찌는 동안 그 위에 브로콜리도 올려서 여열로 익히는 거예요. 노랑, 빨강, 초록. 게다가 냄비 뚜껑을 열면 화아~ 하고 수증기. 수증기가 부엌 가득 퍼지며 신비한 기운을 퍼뜨리는 거예요. 따스한 힘이라고 할지. 저녁을 준비해서 정명이와 정명이 친구를 대접하면 아이들이 몹시 사랑스럽게 느껴져요."

"맞아요, 정명이 고모님(정확히는 고모할머니지만, 나는 할머니 호칭에 사회적 편견 내지는 약자의 이미지가 있어서 아동을 돌볼 때 발언권 제약이 있는 것으로 느껴져 유보하고 있다). 요리하는 과정을 즐기며 대접하는 것은 자신을 소중하게 여기는 것이죠. 그리고 양육자가 행복해야 아이도 행복해지는 거구요."

정명이 그림을 앞에 두고 나는 감격한다.
"정명이가 오늘은 많은 활동을 했네요."
내가 말하자 자랑스럽다는 듯이 선생님은 말씀하신다.

"그치요?"

"1년 전까지만 해도 선긋기에 그치고 색칠은 싫어했는데 정말 놀랍네요. 이 그림을 다 칠하도록 앉아 있었다는 것도 그렇고요."

"그렇지요? 아직은 제가 정명아 여기도 조금 더 칠해야지? 하고 개입을 하기는 해도 완성도가 높아서 성취감을 느끼는 것 같아요. 고모님도 나가셔서 칭찬하실 때 그냥 잘했다고만 하지 말고 구체적으로 잘한 부분을 말씀해주세요."

마침내 다음 수업을 알리는 노크 소리가 났고 우리는 마치 동료애로 뭉친 사람들처럼 시선을 교환하고 헤어졌다.

우리는 무엇을 좋아하는지 이야기 들어주는 사람이 필요하다.

ADHD를
극복한 막내조카

주말을 엄마 집에서 보내고 오는 손자는 공덕역 대합실에서 퇴근하고 돌아오는 엄마를 기다리면서 이렇게 물었다.

"제가 가면 뭘 할 거예요?"

"응, 우선은 뽀삐를 안고 말해줄 거야. 형이 갑자기 사라져서 슬플 테니까. 형은 지금 엄마랑 있고 두 밤 자고 올 거니까 걱정하지 말라고. 그러면 뽀삐는 형이 보고 싶지만 알겠다고 하겠지? 그리고 난 책을 읽을 거야. 책도 읽고 편지도 쓸 거야. 그다음에는 네가 올 때까지 빨래도 하고 청소도 하고 푹 쉴 거야."

손자는 그제서야 안심했다는 듯이 고개를 끄덕였다. 내가 혼자 집에 남는 걸 걱정해주었는지 모르겠다는 생각이 들었다.

주말을 보내고 와서 이번에는 엄마와 헤어진 게 서운하고 쓸쓸했는지 엄마가 보고 싶다고 엉엉 우는 손자를 안아주며 달랬다. 잠시 후 침대 위에서 뒹굴뒹굴 놀다 동요를 부르던 손자는 나와 눈이 마주치자 이렇게 고백했다.

"갑자기 기분이 좋아졌다가 슬퍼졌다가 왜 그러지요 나는?"

나는 깜짝 놀랐다. 내 어린시절에도 그런 경험이 잦았기 때문이다. 갑자기 이유도 없이 기분이 좋아졌던 경험. 혼자서 이렇게 중얼거린 것까지 기억한다. '아, 기분이 좋아진다'고. 그러나 손자에게는 감정을 숨기고 머리를 쓸어주며 말했다.

"나도 기뻤다가 슬펐다가 그런단다."

"그거 병이에요?"

"아니, 그건 하나의 특징이야. 우리는 예술가 가족." 하고 손자의 동그랗고 보드라운 볼을 쓰다듬어주며 아주 당연하다는 듯이 대답했다.

나는 우울증이 있다. 우울증 약을 먹고 있다. 성인 주의산만증이라고 커밍아웃 할 때면 사람들은 어떻게 반응해야 할지 모르는 얼굴로 잠시 침묵하는 걸 본다. 가족이나 친구가 암에 걸리면 사람들은 그 병에 대한 자료를 조사하고 치료방법을 전해주기도 하는데 유독 신경 정신 관련 병에는 무심한 반응을 보이는 것은 왤까?

알려고도 하지 않고, 알아도 무심한 데 대해서 나는 '장애'를 부정적인 시각으로 보는데 익숙해져서가 아닐까 짐작한다. 주의산만증도 따지고 보면 하나의 개성이며 기질일 수도 있는데 감추고 부끄러워야 할 병이라는 선입견에 치우쳐 있으니 인정하고 바로잡기까지 시간이 걸린다.

나는 주의산만증을 극복했다고 표현하고는 한다. 이것은 아주 중요하다. 막내조카의 경험담이다.

그는 지금 대학에서 '신소재 화공 시스템'을 전공하고 있다. 그에게 자신과 같이 ADHD 판정을 받은 조카를 위해 약물복용에 대한 조언을 구했다. 초등학교에서 중학교 때까지 약물치료를 받았는데 어땠는가 물었다.

"괜찮았던 거 같아요. 플라시보 효과도 있었던 거 같고."

그는 실제로 중3 때 ADHD 검사를 받은 결과, 주의산만증 영역을 벗어나 있었다. 양육자인 나도 기뻤지만, 당사자인 막내조카의 기쁨에 찬 얼굴을 기억한다.

자신의 어떤 단점을 극복했다는 자각이라고 할까? 그의 온몸에서 자신감의 아우라를 느낄 수가 있었.

지금 내가 '우울증을 극복했다.'라고 쓰면 지금 나는 우울하지 않은 것이다. 그리고 내가 'ADHD를 극복했다.'라고 쓰는 것은, 그때 만큼은 과잉행동으로 뭔가 하지 않으면 불안해하던 자신이 어떤 창의적인 작업에 몰입하면서 더는 불안하지 않는 충일감을 맛보고 있다는 것을 의미하는 것이다.

돌보며 배우는 것들

그렇게 엄마가 되었다

 이제까지 나의 삶은 가족을 이해하는 데 썼다고 해도 과언이 아니다. 남동생이 알콜의존증으로 병원 입원을 반복하는 동안 엄마는 어린 조카들을 돌봐야 했다. 조손가정에서 자라는 조카들을 위해 나는 공동육아를 자처했다.

 막내조카가 1학년 때 담임선생님이 부르셨다. 너무 산만해서 수업을 방해한다는 것이었다. 아빠의 잦은 술주정과 살림 파괴를 보고 자란 조카들의 정신적인 면을 돌볼 차례였다.

 대학병원 신경정신과에서 '발달종합검사'를 받은 결과 큰조카와 막내조카 둘다 ADHD로 약물치료를 권유받았다. 진료실

벽에는 ADHD가 나쁘지만은 않다는 기사가 전시되어 있어서 부지런히 수첩에 옮겨 적었다. 아이들을 데리고 매달 약을 타러 신경정신과 대기실에 앉아 있어야 하니까 나부터 이 병을 인정하고 지식을 쌓지 않으면 안 된다고 생각했다. 그래야 아이들이 매일 아침 먹어야 하는 약에 대한 이해와 필요성을 깨닫지 않을까.

큰조카의 약물 복용은 실패했다. ADHD를 부끄러워 했고, 약물 복용으로 별다른 변화를 느끼지 못한다고 했다. 어쩌면 발달과정을 돕는 골든타임을 놓쳤는지도 모르겠다. 당시 초등학교 1학년이었던 막내조카에게서는 조금씩 변화가 찾아왔다.

조카들의 약물치료를 결정하기까지 엄마와 의견대립이 있었으나 담당의사가 막내조카를 상담할 때 말을 아끼다가 한마디 덧붙인 게 많은 도움이 되었다. 선생님은 이렇게 말했다.

"아이가 가지고 있는 재능이 많은데 이 병 때문에 재능을 발휘하지 못할 수도 있어요."

재능이라함은 아이의 지능일 수도 있고 다양한 차원의 창의적 재능일 수도 있다.

나는 집으로 돌아와서 'ADHD 고흐'라는 키워드로 선생님의 인터뷰 기사를 찾아 읽었다. ADHD였지만 성공한 사람이 많다는 내용이었다. 특히 인터뷰 마지막, 가족이나 친구들이 도와줄 방법이 없느냐는 질문에, '아, 이 사람이 아프구나. 최선을 다했는데도 이 정도밖에 안 된 거구나.' 하며 이해해 줘야 한다고 답한다.

담당의사를 신뢰함으로써 얻는 효과는 매우 크다. 막내조카는 매달 만나는 훌륭한 의사선생님을 멘토로 삼은 듯했다. 장래희망에는 늘 의사라고 썼다. 학습에 대한 동기부여가 생긴 것이다. 나는 가능하면 피하고 싶었던 조카들 엄마 대행에 점점 몰입해가기 시작했다.

사실 나에게도 ADHD 기질(지나치게 활동적이거나 뭔가를 해야 할 것 같은)이 있었다. 출근하던 출판사가 나의 호기심과 창의력 넘치는 열정적인 기획서를 포용해주지 못하자 편집 업무에 점점 염증을 느끼기 시작했고, 결국엔 사표를 썼다. 나는 조카들의 학교 일정에 참여할 수 있는 일자리를 계획했다. 학습지 교사가 된 것이다.

막내조카는 약물치료와 함께, 수소문한 끝에 미술치료가 정서적 안정에 효과적이라는 걸 알고 미술치료도 병행했다. 막내조카는 고모인 내가 자신에게 애정을 주고 신경을 쓰는 걸 부담없이 스펀지처럼 받아냈다. 큰조카는 부담스러워하고 피하려고 했는데, 지금 생각하면 발달이 지연되고 있는 아이에게 지나친 기대로 위축감을 준 게 아닌가 싶다. 큰조카는 큰조카만의 성장 속도가 있는데 말이다. 초등학교 2학년 때, 아이를 자신의 학년에 맞게 수학, 영어, 국어를 가르치려고 했던 것이 후회된다. 큰조카가 표현하고자 했으나 표현할 수 없었고, 자신도 남동생처럼 고모의 사랑에 응답하고자 했으나 잦은 실수에 자존감만 낮아지는 경험을 수없이 반복했을지도 모른다.

나는 이 부분을 떠올릴 때면 다른 부모들과 마찬가지로 큰아이에게 엄격하게 가르치려고만 했던 것에 대해 후회와 반성으로 슬픔에 잠긴다.

나는 어떻게 요양보호사가 되었나

부재중인 남동생을 대신하여 조카들을 돌보는 일이 처음부터 즐겁지만은 않았다. 그러나 아이들 교육을 위해 직업을 학습지 교사로 바꾸자 세상이 변했다. 조카들이 있었기에 출판사에 안주하며 자신의 능력을 발휘하지 못하는 것에 불쾌해하지 않아도 되었으니까. 조카들 덕분에 나는 새로운 일자리를 개척하게 된 것이다.

한번은 이런 일도 있었다. 막내조카가 사춘기가 시작될 무렵인 걸로 기억하는데, 피아노학원 출석을 게을리했다. 나는 다른 아이들 엄마처럼 복지관 피아노학원에 동행하기로 했다. 돌아오는 길에는 떡볶이도 사먹고 하루 일과도 이야기해야지 하고. 그런데 아이의 피아노레슨을 기다리는 시간이 너무 지루했다. 이것도 ADHD 기질이 아닌가 싶다.

한시도 가만히 있지 못하는 나는 피아노학원과 이웃하고 있는 데이캐어센터에 문을 열고 들어가 아이가 피아노레슨을 받는 동안 봉사할 것이 없는가 물었다. 마침 매주 실시되는 목욕 시간에 어르신들의 목욕돌봄을 도와달라는 답이 돌아왔다. 그 후 나는 막내조카가 피아노레슨을 받는 동안 목욕봉사를 했다.

자신이 누군가를 도울 때 행복해한다는 것을 알았다. 나중에 그 행복은 새로운 일로 진화되었다. 내가 바로 요양보호사가 된 것이다. 그리고 요양원과 데이캐어센터와 재가방문이라는 장기요양보험 서비스 제도 안에서 3년 동안 일했다.

그 결과물로 『나는 신들의 요양보호사입니다』 책을 냈다. 생각보다 반응은 좋았고 인생의 마지막을 마무리하는 요양원을 하늘정원이라고 부르는 요양보호사인 나에게 사람들은 어떻게 노인들을 뮤즈와 제우스로 부르게 되었는지 물어왔다. 삶의 전쟁터에서 혼신을 다해 사신 분들을 신화 속 세계의 뮤즈와 제우스로 부르면 돌보는 손길이 조금 더 온전해지기 때문이라고 답했다.

힘내서 제대로 죽으세요

오에 겐자부로의 『회복하는 가족』에는 장애를 앓고 있는 작가의 아들 히카리의 에피소드가 소개된다. 할머니와 헤어질 때 손자 히카리가 '힘내서 제대로 죽으세요'라고 인사를 했다고 한다.

책을 덮고 일상을 살아갈 때 문득 히카리의 인사가 떠오른다. 어떤 의미일까?

요양원에서 뮤즈와 제우스를 돌보며 한 달 사이에 두세 차례 죽음을 경험했다. 죽음이 두렵지 않고, 자연스러운 일이라는 걸 체험하면서 R. 까뮈의 『행복한 죽음』을 떠올리기도 했다. 대체 어떻게 하면 행복한 죽음을 맞이할 수 있을까. 이 근원적인 질문에 답하려는 듯 히카리의 인사가 맴돈다. '힘내서 제대로 살자'가 아니라 '힘내서 제대로 죽자'고 마음먹으면 삶이 어떻게 달라질까.

우주 하나를 지워야 하는 일

아이들을 돌보면서 매순간 결정해야 하는 일들이 생기고는 한다. 그것이 미래에 아이 인생을 좌우할 수도 있는 그런 결정을 내려야 할 때. 바로 내가 어른이 되어야 하는 순간.

교육잡지,
민들레

 격월간지 〈민들레〉와의 인연을 1년 연장하기로 했다. 내가 쓴 '돌보며 살아가는 존재들에 대하여'라는 청탁 원고가 실린 잡지를 받은 후에 잡지 전체를 천천히 읽다가 정독하게 된 꼭지들이 생겼기 때문이다.

 오늘은 '천천히 배우며 성장하는 아이들' 꼭지를 읽었다. 경계선 지능을 가진 아이들을 '느린 학습자'로 명명하고 있는데 차별언어가 되지 않도록 세심하게 배려한 느낌이 들어서 바로 사용하기로 했다. 또한 아동심리, 교육학 박사인 박현숙 선생님의 솔직한 견해를 접하니 함께 고민해 봐도 좋겠구나 싶은 신뢰가 생겼다.

 학습부진, ADHD, 발달장애 모두 느린 학습자에 속하기 때문에 어떤 프로

젝트를 진행하거나 사업을 운영할 때 대상이 불분명하고 모호해진다는 한계가 있다. 꼭 필요한 이들이 도움을 받지 못할 수도 있기 때문에 특정 사업이나 프로그램에서는 '경계선 지능'이라 명확하게 붙이는 편이 낫다고 본다.

병원 대기실에서 차례를 기다리며 구독 신청 전화를 하는데 묘하게 설렌다. 고립된 육아로 지쳐있었는데 소통할 누군가가 생겼다는 안도감 때문이었을까?

만리동
여포 할아버지

 "서른부터 여든까지 살고 있으니까 오십 년 동안 살았지. 내가 만리동 여포로 불렸어. 기운이 장사였어. 삼국지에 나오는 여포 알지? … 나도 외갓집에서 자랐어. … 열세 살에 서울로 올라왔지. 열 살에 6.25가 났어. 초등학교는 3학년까지 다녔어. 지금도 읽을 줄은 아는데 쓸 줄은 잘 몰라. 받침 같은 걸 틀리지."

 마을버스 기사 할아버지는 아이의 얼굴을 바라보며 다시 말씀을 이어갔다.

 "정명아, 우리가 어떻게 인연이 되었지? 너는 보물이다."

 마을버스를 운전하는 할아버지와 정명이의 나이는 묘한 내 칭을 이룬다. 팔십 그리고 여덟. 나는 마을버스 할아버지가 사인까지 해서 드린 『나는 신들의 요양보호사입니다』를 왜 다시 돌려주서야만 했는지 이제야 알 것 같았다.

"나는 책 읽을 시간 있으면 술이나 마시겠어. 읽지도 않을 건데 주지 마. 아깝기만 해."

나는 할아버지의 캐릭터가 몹시 특이하다고 생각했다. 영화나 책에서 만날 법한 인물이다. '돈 까밀로 신부' 시대의 인물 같다. 아무리 책을 안 읽는 사람이라고 해도 일단 선물로 드리면 받는데 굳이 다른 사람이나 읽으라고 주라면서 한사코 거절했다.

마을버스 할아버지는 막걸리 한 사발을 들이켰다. 새벽 3시쯤 일어나서 마을버스를 낮 1시 30분까지 운행한 다음 퇴근길 늦은 점심식사에 곁들이는 반주치고는 제법 과했다. 벌써 두 병째다. '과연 여포 할아버지네.' 하며 나는 속으로 생각했다.

"내가 외가에서 살았다고 했지? 난 형제가 없어. 다섯 살에 부모님이 이혼했거든. 그 시절 아버지는 금융조합에서 일했지. 외삼촌과 함께 고향에서 야밤에 도주했어. 왜냐구? 외삼촌이 내 아버지나 다름없으니까. 삼촌은 고향에 노름빚을 지고 서울로 도망을 나왔어. 난 열일곱 살에 자동차 정비를 배웠고. 그때는 기계식이었는데 군대에 가서 운전병으로 뽑혔어. 운전병으로 뽑히면서 '밥이나 실컷 먹다 죽었으면 좋겠다.' 하고 생각했어."

할아버지의 점심식사가 끝나가고 있는 것 같았다. 대충 사는 것처럼 보여도 대충 살지 않는 이에게서 뿜어나오는 아우라가 있다. 정해진 시간에 정해진 일을 하고 몸을 잘 관리해 온 느낌이랄까. 그의 투박한 언행 속에서도 나는 몸짓언어를 읽을 수 있었다. 이제 댁으로 돌아가서 잠자리에 들 시간이 되었다. 노인에게 12시간의 외부 활동은 과로나 다름없다.

나는 이제 슬슬 일어나려나 싶어 눈치를 살폈다. 평소에 손자의 유튜브 시청을 엄격히 관리하지만, 오늘만큼은 특별 허락을 내렸으니 정명이는 신나게 다양한 채널을 시청하고 있었다. 일어서려는 듯하다가 다시 앉은 할아버지는 당신의 아내 이야기를 빠뜨렸다는 듯 말씀을 이었다. 묘사가 섬세했다.

"나중에 우리 집사람을 볼 기회가 있을 거야. 젊었을 때는 윤정희 뺨치게 예뻤어. 지금도 칠십이 넘었는데도 예뻐. 우리 사위도 예뻐. 손자도 얼마나 예쁜데. 인연이라는 건 참 묘한 거야. 집사람을 어떻게 만났는지 알아? 내가 차에 수박을 싣고 가다가 같은 동네 살았으니까…. 그랬지. 수박 한 덩어리 드릴까요? 그런 다음에는 한강 쳐다보며 데이트도 하고 남산도 올라가고. 그땐 농담이 있을 때야. … 내가 열세 번 이사한 이야기 했나? 사과 궤짝 하나, 이불 하나 메고 이사 다녔는데 그때 생각하면서 집사람이 그래. 아이들 생각해서 도망가려다가 참

왔다고….”

어느새 이야기하는 방식, 내용, 진실성, 재미를 모두 갖춘 이야기꾼 마을버스 할아버지의 열혈팬이 되었다. 언젠가는 꼭 할머니를 만나 뵈어야지 하면서 진심을 담아 고개를 끄덕였다.

"인연이라는 건 참…. 정명아 너, 하고도 인연이 되었으니 우리 잘 지내보자.”

에필로그。

잃어버린
'어린 이'를 찾아서

아이들을 키우는 것은 반드시 부모여야 한다는 편견과 마주칠 때가 있습니다. 손자의 놀이치료 선생님과 상담 중에 이런 말을 들었습니다. "나이 든 몸으로 기력이 떨어지면 어떻게 할 거냐?"고.

양육자를 앞에 두고도 이런 식의 질문을 할 수 있는 현실이 갑갑했습니다. 문제는 아직 '부모가 될 준비'가 안 된 사람이 있다거나 어떤 이유로든 '부재중인 엄마, 아빠'가 있다는 사실보다 사회가 그 진실을 계속 외면한다는 데 있다고 생각합니다. 말로는 '아이 한 명을 키우려면 마을 전체가 필요하다.'고 하면서 정작 도움을 요청하면 엄마가 아니라는 이유로 상담 중에 차별하고 있다고 느낄 때가 있습니다.

인천국제공항에서 근무할 때의 일입니다. 환갑을 넘긴 듯한 서양인 노부부 사이에 동양인 소년이 함께 앉아 있는 걸 보았습니다.

노부부는 아들의 나라를 여행하기 위해 비행기를 타고 날아왔을지도 모른다는 생각이 들었습니다. 대단히 감동적인 장면을 목격한 순간이었습니다. 이 모습을 보고 노부부가 아이를 양육하기에 너무 늙었다고 생각하지는 않을 것입니다. 오히려 다양한 가족이 존재한다는 사실이 부각되는 것입니다.

이 책은 15년 동안의 기록을 담고 있습니다. 가족 일기이며 투병기이며 극복기입니다.

아픈 가족과 살면서 어느 순간 세상이 공평해졌으면 좋겠다는 생각을 하게 되었습니다. 편견도 없고 차별도 없는 세상 말입니다. 양육자가 할머니이든, 할아버지이든, 고모나 이모, 삼촌이든, 아니 사회복지사든지 상관없이 한 아이를 건강하게 성장시키기 위해 마을 전체가 연대할 필요가 있습니다.

또한 장애와 비장애의 구분을 하지 않는 세상을 만드는 그 날까지 읽혔으면 좋겠습니다.

아이들은 오직 특별할 뿐입니다.

2020년 11월 11일 이은주

주의산만증ADHD 정명이와 세상의 모든 어린 이를 위하여

오래 울었으니까 힘들 거야

초판1쇄 인쇄 2021년 1월 8일
초판1쇄 발행 2021년 1월 21일

지은이 이은주
펴낸이 유상원
펴낸곳 헤르츠나인(상상+모색)
디자인 이정아

등록일 2010년 11월 5일
등록번호 상상+모색 제313-2010-322호
주 소   경기도 고양시 일산동구 탄중로344 태영 601동 401호
전 화   070-7519-2939
팩 스   02-6919-2939
이메일 hertz9books@gmail.com
ISBN   979-11-86963-47-0 03810

copyright ⓒ 2021. 이은주
저자와의 협의 아래 인지를 생략합니다. 파본은 구입하신 서점이나 본사에서 교환해드립니다. 책값은 뒤표지에 있습니다. 본 책은 저작권법에 의해 보호를 받는 저작물이므로 무단 전재와 복제를 금합니다.

본 도서에는 유토이미지(UTOIMAGE.COM)의 폰트가 사용되었습니다.

헤르츠나인은 상상+모색의 출판브랜드입니다.

이 도서는 한국출판문화산업진흥원의 '2020년 출판콘텐츠 창작 지원 사업'의 일환으로 국민체육진흥기금을 지원받아 제작되었습니다.